언플랜드
Unplanned

Originally published in English in the U.S.A. under the title:
Unplanned, by Abby Johnson and Cindy Lambert

Copyright © 2010, 2014 by Abby Johnson
Korean edition © 2020 by Catholic Publishing House with permission of Tyndale House Publishers, a division of Tyndale House Ministries. All rights reserved.

언플랜드

2020년 6월 8일 교회 인가
2020년 7월 31일 초판 1쇄 펴냄

지은이·애비 존슨, 신디 램버트
옮긴이·권새봄, 이보연
펴낸이·염수정
펴낸곳·가톨릭출판사
편집 겸 인쇄인·김대영
디자인·정진아

본사·서울특별시 중구 중림로 27
등록·1958. 1. 16. 제2-314호
전자우편·edit@catholicbook.kr
전화·1544-1886(대표 번호)
지로번호·3000997

ISBN 978-89-321-1724-9 03230

값 13,000원

성경 ⓒ 한국천주교중앙협의회, 2020

가톨릭의 모든 도서와 성물을 '가톨릭출판사 인터넷쇼핑몰'에서 만나 보실 수 있습니다.
http://www.catholicbook.kr | (02)6365-1888(구입 문의)

이 책의 한국어판 저작권은 (재)천주교서울대교구 가톨릭출판사에 있습니다.
저작권법에 의해 한국 내에서 보호를 받는 저작물이므로 무단 전재와 무단 복제를 금합니다.

이 도서의 국립중앙도서관 출판예정도서목록(CIP)은 서지정보유통지원시스템 홈페이지(http://seoji.nl.go.kr)와 국가자료종합목록 구축시스템(http://kolis-net.nl.go.kr)에서 이용하실 수 있습니다. (CIP제어번호: CIP2020026430)

한 순간이 모든 것을 바꾸었다

언플랜드
Unplanned

애비 존슨, 신디 램버트 지음
권새봄, 이보연 옮김

가톨릭출판사

목차

추천의 말 - 고귀한 태아의 생명을 지키는 데 용기를 지니길 바라며 8

머리말 - 애비 존슨의 메모 11

1장. 초음파 15

2장. 자원봉사 박람회 24

3장. 비밀에 담긴 힘 32

4장. 대의명분 39

5장. 연민이라는 유대 51

6장. 사십 일 밤낮 61

7장. 행동 규칙 70

8장. 나의 적, 나의 친구 76

9장. 양립할 수 없는 차이 85

10장. 허리케인 91

11장. 이사회실   99

12장. 거룩한 침묵   108

13장. 거꾸로   117

14장. 울타리의 잘못된 편   123

15장. 두 팔 벌려   133

16장. 자신감 유지하기   139

17장. 올바른 일을 하기 위해   146

18장. 앞으로 나아가기   154

19장. 법원 명령   166

20장. 레드 카펫   175

21장. 예기치 않은 선물	180
22장. 공판	183
23장. 판결	194
24장. 하느님의 계획	200
맺음말 - 놀라운 마무리, 그리고 새로운 시작	208

추천의 말

고귀한 태아의 생명을 지키는 데 용기를 지니길 바라며

프란치스코 교황님은 2017년 사순 시기 담화에서 "우리에게 다가오는 모든 생명은 선물이기에 환대와 존중과 사랑을 받아 마땅합니다."라고 강조하셨습니다. 또한 《가톨릭 교회 교리서》에서는 생명의 소중함에 대해서 다음과 같이 이야기합니다(2270항 참조).

"인간의 생명은 임신되는 순간부터 철저하게 존중되고 보호되어야 한다. 인간은 존재하는 첫 순간부터, 인간의 권리들을 인정받아야 하며, 그중에는 모든 무죄한 이들의 생명 불가침의 권리도 포함되어 있다."

이처럼 가톨릭 교회는 생명 존중이라는 가치를 매우 중요하게 여기며 그에 반하는 행위인 낙태에 적극 반대해 왔습니다.

그러나 지금의 상황은 그렇지 못한 것이 사실입니다. 아직도 수많은 태아胎兒들이 생명의 위협을 받고 있습니다. 그들은 보살핌을 필요로 하는 지극히 미소하고 나약한 존재이지만 하느님이 우리에게 주신 말할 수 없이 소중한 선물로서 분명한 생명입니다. 이러한 생명들이 보호받지 못하고 있는 오늘의 한국적인 현실에 대해 이 시대를 살아가는 사목자로서 가슴이 아프며 매우 안타깝게 생각합니다.

이런 와중에 가톨릭출판사에서 출간한 《언플랜드》라는 이 책은 우리 모두에게 시사하는 바가 매우 큽니다. 이 책의 주인공은 낙태 수술 클리닉에서 8년 동안 일하며 낙태 상담사로 살아왔습니다. 그러던 어느 날 낙태 장면을 직접 목격한 후 큰 충격을 받습니다. 낙태가 어떤 것인지 그제야 구체적으로 깨달았던 것입니다. 그 이후 낙태 반대편에 서게 되었습니다. 이 책에서는 주인공의 삶이 완전히 변모變貌해 가는 모습을 생생하게 표현하고 있습니다. 특히 2019년 영화로도 만들어지면서 많은 사람들이 낙태에 대한 경각심을 갖게 하는 계기를 마련했습니다.

저는 2019년 5월 서울에서 열린 '한국 기독교 영화제'에 초대된 영화 〈언플랜드Unplanned〉를 교구 생명위원회의 위원 및 평신도 지도자분들과 함께 관람하며 깊은 감동을 받았습니다. 그래서 이 영화를 생명위원회가 직접 수입하여 일반 극장과 모든 본당과 단체별로 상영하여 새로운 생명 운동의 전기轉機를 마련하자고 제안하였고 근 1년간 백방으로 여러 경로를 통하여 애써 보았지만 끝내 무산되어 참으로 아쉬움이 컸습니다.

천만다행으로 가톨릭출판사가 이 영화의 원작 《언플랜드》를 번역하여 출간한다고 하니 '참으로 크신 하느님의 은총이로구나!'라고 고백하게 됩니다. 하느님께서는 우리가 생각지도 못한 방향으로 우리를 이끌어 주십니다. 마치 이 책의 제목처럼 말입니다.

하느님께서는 그렇게 이 책의 주인공이 자신이 해 왔던 것과는 전혀 다른, 태어나지 않은 생명을 지키는 데 앞장설 수 있도록 용기를 북돋아 주십니다. 이러한 주인공의 모습은 선뜻 용기를 내지 못하고 두려워하는 우리 모두에게 커다란 희망을 안겨 줍니다. 하느님의 손길이 어떻게 우리에게 미치는지 알 수 있는 이 놀라운 이야기를 여러분께서 꼭 읽어 보시기를 권합니다. 이 책을 통해 많은 사람들이 하느님께서 주신 고귀한 태아의 생명을 아끼고 태어나도록 지키는 데 더욱더 용기를 지니고 나아갈 수 있기를 간절히 기도합니다.

서울대교구 중서울지역 및 해외선교담당 교구장 대리

구요비 욥 주교

∞∞ 머리말 ∞∞

애비 존슨의 메모

내 이야기는 읽기 편하지 않다. 이 사실을 미리 경고하고 싶다. 내 이야기는 편하지는 않지만 정직하고 진실하다. 곧 알게 되겠지만, 나는 몇 년 동안 여성의 선택권을 중시하는 낙태 지지자와 낙태에 반대하는 생명 운동가의 최전선에서 시간을 보냈다. 당신은 태어나지 않은 아기의 가족을 포함하여 위기에 처한 가족들을 돕기 위해 순진한 여대생에서 가족계획연맹 대표로 가는 내 여정에 함께할 것이다.

나는 아무리 잘못되고, 당혹스럽고, 또는 정당하지 못해도 이 여정의 각 과정에서 나의 사고와 추론에 충실하기 위해 최선을 다했다. 그래서 나는 이 책을 읽는 당신도 몇 번이고 내가 받은 질문과 똑같은 질문을 할 것이라고 생각한다.

"정말 그렇게 쉽게 속았나요? 당신의 가치관과 행동 사이에 그렇게 일관성이 없었나요? 당신은 그렇게 양면적이고, 순진하고, 어리석고……."

나의 대답은 "그렇습니다."이다. 나는 또 이런 질문도 받았다.

"당신과 당신의 낙태 지지자 동료들은 정말 동정심과 친절과 진실로 여성을 돕고 세상을 더 좋은 곳으로 만들려고 했었나요?"

다시 나의 대답은 "그렇습니다."이다.

사람들이 내 대답을 좋아하지 않는 경우가 많다.

이해한다. 내 이야기는 정돈되지 않고 깔끔하지 않고 쉽게 답할 수도 없다. 보통 사람들은 양쪽에서 상대방을 비방하기를 좋아한다. 우리 편 사람들은 옳고 현명하며 선하고, 반대편 사람들은 신뢰할 수 없고 어리석다고 잘못되었다고 가정하기 쉽다. 나는 양쪽에서 선과 지혜를 찾았다. 나는 양쪽에서 어리석음, 배신과 속임수를 찾았다. 나는 어느 쪽이든 좋은 의도가 있더라도 나쁜 선택으로 틀어질 수 있음을 경험했다.

나는 이 양극화되는 논쟁에서 양쪽 모두에 친구들이 있다. 우리 모두는 우리 편이 옳고 좋고, 반대편은 틀리고 나쁘다는 것을 보여주는 이야기를 갈망하고 있지 않은가? 그러나 나는 울타리 양쪽에 옳고 그리고 틀림이 있음을 증언한다. 사실 우리가 상상하는 것보다 반대편과 공통점이 더 많다는 사실에 충격을 받을 수도 있다.

그러나 내가 방금 한 말 때문에 이 책을 덮어서는 안 된다. 바로 그 이유 때문에 이 책을 읽어야 한다. 반대편의 놀라운 희망과 동기를 이해하기 위해 읽어야 한다. 나는 한쪽에서 다른 쪽으로 사랑받았다. 나는 더 많은 수천 명의 사람들도 진실로 사랑받기를 바란다. 아마도 당신은 울타리 반대편에서 누군가를 사랑하는 사람이 될 것이다.

이 책을 읽는 당신은 울타리의 어느 편에 서 있는가? 아마 십중팔구, 울타리를 통해 들여다보면 반대편의 잘못된 사고와 행동을 보게 될 것이다. 여기 당신을 위한 질문이 있다. 당신은 울타리를 살펴보고 반대편에서 선함, 동정심, 관대함, 그리고 자기희생을 볼 준비가 되었는가? 그러면서 꿈틀대는 것을 느끼고 있는가? 만약 그렇다면, 나의 여정에 온 것을 진심으로 환영한다.

덧붙여서

모든 가족계획연맹 자원봉사자와 직원을 포함하여, 이 책에 나오는 일부 사람들의 이름과 세부 사항을 바꾸었다. 또한 이 책에 나오는 사건들을 묘사하는 동안, 나는 내 기억력뿐만 아니라 서신이나 관련된 다른 사람들과의 인터뷰를 참고했다.

1장

초음파

셰릴이 내 사무실에 얼굴을 쑥 내밀며 말했다. "애비, 검사실에서 사람 한 명이 더 필요하다네요. 지금 시간 되나요?"

나는 놀라 서류에서 고개를 들고 대답했다. "물론이죠."

8년 동안 가족계획연맹에 근무했지만, 낙태 수술 중에 의료 팀을 돕기 위해 검사실로 불려간 적은 단 한 번도 없었다. 그런데도 내가 지금 왜 필요한지 전혀 몰랐다. 물론 나는 몇 차례 환자의 요청으로 함께 있어 주거나 수술 중 손을 잡아 줬지만 이는 오직 환자의 내원과 상담을 담당했을 때였다. 오늘은 그런 경우가 아니었다. 도대체 왜 내가 필요한 걸까?

나는 검사실 밖에서 잠깐 주저했다. 나는 낙태 수술 중에 이 방에 들어가는 것을 한 번도 좋아하거나 달갑게 여긴 적이 없었다. 하지만 일을 끝내기 위해 언제든지 투입될 준비가 되어 있어야 했기 때문에 문을 열고 안으로 들어갔다.

환자는 이미 마취가 되어 있었고 의식은 있으나 몸을 가누지 못하는 상태였다. 의료용 환한 불빛이 환자를 비추고 있었다. 환자는 수술을 위한 자세로 누워 있었고, 수술 도구들이 의사 옆 쟁반에 가지런히 놓여 있었다. 임상 간호사는 초음파 기기를 놓고 있었다.

"이 환자에게 초음파 영상을 통한 낙태 수술을 할 예정입니다. 초음파 기기를 잡아 주세요."라고 의사는 설명했다.

나는 초음파 기기를 손에 잡고 기기의 설정을 조절했다. 그러는 와중에 '여기에 있고 싶지 않아.' 하고 나 자신과 싸우는 중이었다. '낙태 수술에 가담하고 싶지 않아. 아니야, 이건 아니야.' 나는 이 업무를 수행하기 위해 나 자신에게 주문을 걸어야 했다. 심호흡을 하고 부드럽게 연주되는 라디오 음악 소리에 귀를 기울이려고 노력했다.

'예전에 한 번도 이 수술을 본 적이 없으니 좋은 경험이 될 거야.' 나는 스스로에게 말했다. '내가 여성들을 상담할 때 이 경험이 도움이 될지도 몰라. 더 안전한 절차를 따르는 이 수술을 직접 배우는 거야. 그리고 몇 분 안에 끝날 테니까.'

나는 그 이후 10분 동안 일어난 일이 내 인생의 가치를 흔들고 진로를 바꾸게 될지는 상상조차 하지 못했다.

나는 전에 고객들에게 초음파 검사를 수행한 적이 종종 있었다. 임신을 확인하고 임신 몇 개월 차인지를 가늠하기 위한 서비스였다. 그래서 초음파를 준비하는 작업이 익숙했기에 검사실에 들어와 있다는 불편함이 덜했다. 환자의 복부에 초음파 검사를 위한 젤을 도포하고 자궁이 화면에 보이고 태아의 모습을 포착할 때까지 초음파 기기의 위치를 조정했다.

초음파를 통해서 보이는 태아의 모습은 완벽했다. 나는 아기의 완벽한 옆얼굴을 볼 수 있었다.

'마치 그레이스가 12주였을 때와 같아.' 나는 3년 전 자궁 안에서 안전하고 편안하게 있었던 딸을 처음 보았을 때를 기억했다. 지금 본 모습은 그 장면과 똑같았다. 아니, 오히려 더 선명하고 세밀했다. 머리의 옆모습, 두 팔, 다리, 그리고 아주 작은 손가락과 발가락을 볼 수 있었다.

그러다가 이내 그레이스에 대한 따뜻한 기억이 날아가고 불안감이 엄습했다. '내가 지금 무엇을 보려고 하지?' 위가 쪼그라드는 기분이 들었다. '무슨 일이 일어나는지 보고 싶지 않아.' 2년간 가족계획연맹 클리닉을 운영하고, 위기에 처한 여성들을 상담하고, 낙태 수술 날짜를 예약하고, 클리닉의 월별 예산 보고서를 검토하고, 직원을 교육하는 전문가의 말치고는 이상하게 들릴 수도 있다. 하지만 이상하건 아니건 간에 나는 낙태 수술을 권장하는 데 한 번도 관심을 가진 적이 없었다. 나는 가족계획연맹에 8년 전에 입사했고, 이곳의 목표가 원치 않은 임신을 예방하고 따라서 낙태의 숫자를 줄이는 것이라고 믿었다. 이것은 확실히 나의 목표이

기도 했다. 나는 가족계획연맹이 생명을 구하고 있다고 믿었다. 이 단체에서 서비스를 제공하지 않으면, 여성들은 불법 낙태 수술소에 갔을 것이리라. 이 모든 생각을 하면서 조심스럽게 기기를 제자리에 고정시켰다.

"13주." 간호사가 태아의 나이를 측정하는 소리가 들렸다.

"알겠네." 그러고 나서 의사는 나를 보며 말했다. "수술 중에 제가 하는 걸 볼 수 있게 기기를 계속 잡고 계세요."

검사실의 차가운 공기가 느껴졌다. 나는 완벽한 아기의 모습에 새로운 것이 등장하는 것을 화면에서 보았다. 빨대처럼 생긴 기구로 끝에는 석션관이 부착된 캐뉼러였다. 캐뉼러는 자궁 안에 들어가 아기의 옆쪽으로 접근하고 있었다. 화면에 어울리지 않는 침입자 같았다. 무언가 잘못되었다.

심장이 빠르게 뛰었다. 시간은 느리게 흘러갔다. 나는 보고 싶지 않았지만 보는 것을 멈추고 싶지도 않았다. 극한 공포를 느끼면서도 동시에 끔찍한 자동차 사고 현장을 천천히 운전해서 지나가는 구경꾼처럼 말이다.

나는 환자의 얼굴을 보았다. 그녀의 눈에서는 눈물이 흘러내리고 있었다. 나는 그녀가 고통받는 것을 볼 수 있었다. 간호사는 여성의 얼굴을 티슈로 톡톡 두드렸다.

"자, 천천히 숨을 쉬세요." 간호사는 친절히 그녀에게 일러 주었다. "숨을 쉬세요."

"거의 끝났어요." 나는 환자에게 속삭였다. 그녀에게 집중하고 싶었지만 내 눈은 화면으로 다시 향했다.

처음에 아기는 캐뉼러의 존재를 인식하지 못하는 것 같았다. 캐뉼러로 조심히 아기의 옆쪽을 살피는 것을 보면서 나는 짧은 몇 초 동안 안도했다. '그래, 당연하지. 태아는 고통을 느끼지 못해.' 나는 가족계획연맹에서 배운 이 점을 이용해서 수많은 여성들을 안심시켰다. '태아 조직은 제거될 때 아무것도 느끼지 못해. 정신 차려, 애비. 이건 단순하고 빨리 끝나는 의학 절차야.' 내 머릿속은 내 반응을 통제하기 위해 열심히 일하고 있었지만, 화면을 보자 순식간에 공포에 치닫는 불쾌감을 떨쳐 낼 수 없었다.

아기는 마치 침입자에게서 달아나려는 듯 발길질을 했다. 아기의 작은 발이 갑자기 확 움직였다. 캐뉼러가 안으로 들어가자 아기는 몸을 돌리기 위해 고군분투하기 시작했다. 태아가 캐뉼러를 느끼고, 그 느낌을 싫어한다는 사실이 분명해졌다. 그때 의사의 목소리가 적막을 깨며 나를 깜짝 놀라게 했다.

"스코티, 광선을 쏘아 올려줘." 의사는 간호사에게 가볍게 말했다. 그는 간호사에게 석션을 켜 달라고 말하고 있었다. 낙태 수술 중에는 캐뉼러가 정확한 위치에 있기 전까지 의사는 석션을 켜지 않는다.

나는 갑자기 "그만!"이라고 소리치고 싶은 마음이 들었다. 환자를 흔들어 "아기에게 무슨 일이 벌어지는지 보세요! 깨어나세요!

어서요! 그들을 막으세요."라고 말하고 싶었다.

하지만 그 말을 생각하는 바로 그 순간, 나는 기기를 붙들고 있는 내 손을 보았다. 나는 이미 이러한 행위를 하는 '그들'의 일부였다. 내 시선은 화면으로 다시 향했다. 의사는 캐뉼러를 돌려놓았고 나는 자그마한 몸이 캐뉼러와 함께 잔인하게 엉키는 것을 보았다. 그 짧은 순간 마치 행주를 비틀어 짜듯이, 아기가 빙글 돌려지고 쥐어짜지는 듯 보였다. 그리고 그 작은 몸은 구겨져서 내 눈 앞에서 캐뉼러 속으로 사라져 버렸다. 내가 마지막으로 본 것은 자그마하지만 완벽하게 모습을 갖춘 척추가 튜브 안으로 빨려 들어가는 것이었다. 그리고 이내 모든 것이 사라져 버렸다. 자궁은 완전히 텅 비어 있었다.

나는 내가 본 장면을 믿지 못해 얼어붙었다. 이를 자각하기도 전에 나는 기기를 손에서 놓쳐 버렸다. 기기는 환자의 다리 쪽으로 미끄러졌다. 나는 내 심장 박동을 느낄 수 있었다. 너무 심하게 뛰어서 목 혈관에서 맥박이 두근거리는 것을 느낄 수 있을 정도였다. 심호흡을 시도했지만 숨을 쉬거나 내쉴 수가 없었다. 나는 아무것도 없는, 검게 변해 버린 화면을 응시했다. 그 무엇도 머릿속에 들어오지 않았다. 너무 놀라고 떨려서 움직일 수 없었다. 의사와 간호사가 일상적인 대화를 나누는 것이 들렸지만, 희미한 배경 음악처럼 먼 곳에서 들리며 오히려 내 맥박 소리가 더 크게 느껴졌다.

내 머릿속에서는 작은 몸이 짓이겨지고 빨려 들어가는 장면이 반복되고 있었다. 그와 동시에 그레이스가 비슷한 크기였을 때의 첫 초음파 장면이 반복되고 있었다. 그리고 남편 더그와 낙태에 대해 나누었던 수많은 논쟁이 귀에 들리는 듯했다.

"당신이 그레이스를 임신했을 때, 그레이스는 태아가 아니라 아기였어."라고 더그는 말했다. 그 말이 마치 번개를 맞은 것처럼 내 머릿속을 관통했다. '남편의 말이 옳았어! 이 여성의 자궁 안에 방금 전에 있었던 것은 생생히 살아 있었어. 그건 단지 하나의 조직, 세포가 아니었어. 그건 인간 아기였어. 살기 위해 몸부림치는 아기! 눈 깜짝할 사이에 져 버린 전투. 내가 사람들에게 몇 년 동안 말했던 것, 내가 믿고 가르치고 옹호한 것은 다 거짓이었어.'

그때 나는 의사와 간호사가 나를 쳐다보고 있음을 느꼈다. 나는 생각에서 빠져나왔다. 그러고는 기기가 여성의 다리에 놓여 있다는 사실을 알아차리고 제자리로 갖다 놓기 위해서 손을 더듬어 보았지만 내 손은 덜덜 떨리고 있었다.

"애비, 괜찮아요?"라고 의사가 물었다. 간호사는 나를 걱정스레 바라보았다.

"네. 괜찮아요." 나는 아직도 기기를 제자리에 놓지 못했다. 나는 오른손으로 기기를 겨우 붙들었고 왼손은 여성의 배 위에 조심스레 올려놓았다. 그러고는 환자의 얼굴을 쳐다보았다. 그녀는 눈물을 더 많이 흘리고 있었으며 고통으로 얼굴이 일그러져 있었다. 이제는 텅 빈 자궁의 모습을 다시 포착할 때까지 나는 기기를 움직였다. 나의 시선은 다시 내 손을 향했다. 마치 내 손이 아닌 것 같았다.

'지난 8년 동안 이 손으로 얼마나 많은 피해를 끼쳤을까? 이 손이 얼마나 많은 생명을 앗아 갔을까? 단지 내 손만이 아니라 내 말 때문에 말이야. 내가 만약 진실을 알고 있었다면, 내가 진실을 이 모든 여성들에게 알렸다면?'

나는 거짓말을 믿고 있었다! 나는 맹목적으로 '회사에서 홍보하는 것'을 오랫동안 홍보했다. 왜? 왜 스스로 진실을 찾지 않았지? 왜 내가 들었던 논쟁에 귀를 닫고 있었지? 오, 주님, 제가 무슨 짓을 한 것입니까!

내 손은 여전히 환자의 배 위에 놓여 있었고 나는 이 손으로 그녀에게서 무언가를 빼앗아갔다는 느낌을 받았다. 그렇게 느끼자 손이 아프기 시작했다. 그 순간, 내 안 깊은 곳에서 이러한 생각이 떠올랐다.

'절대로 두 번 다시! 절대로 다시는.'

나는 재빠르게 움직이기 시작했다. 간호사가 정리하는 동안 나는 초음파 기기를 치우고 축 처져 몸을 가누지 못하는 환자를 부드럽게 깨웠다. 나는 그녀가 일어나 앉는 것을 도와주고 휠체어에 앉혀 회복실로 데려갔다. 그러고는 얇은 담요를 그녀에게 덮어 줬다. 내가 본 수많은 환자들처럼 그녀는 감정적 그리고 신체적 고통 속에서 계속 울고 있었다. 나는 그녀를 편안하게 하기 위해 최선을 다했다.

셰릴이 검사실에 가서 도와 달라고 요청한 지 10분 어쩌면 최대 15분 정도 지났다. 그 짧은 몇 분 동안 모든 것이 급격하게 바뀌었다. 일그러지고 고군분투하던 작은 아기의 모습이 내 머릿속에서 되살아났다. 그리고 그 환자에게 심한 죄책감이 들었다. 나는 그녀에게서 소중한 것을 빼앗았고 그녀는 그 사실조차 알지 못했다.

어떻게 여기까지 왔을까? 어떻게 이런 일이 일어나도록 내버려 두었을까? 나는 위기에 처한 여성들을 돌보기 위해 나 자신, 나의 마음, 나의 커리어를 가족계획연맹에 바쳤다. 그리고 지금은 내 자신이 위기를 맞이했다.

지금 2009년 9월 말을 되돌아보면, 나는 미래를 우리에게 보여 주시지 않는 하느님이 얼마나 현명하신지 깨닫게 된다. 그 당시 내가 감내해야 했던 그 거센 폭풍을 알았더라면, 나는 앞으로 나아갈 용기를 가지지 못했을지도 모른다. 나는 몰랐기 때문에 용기를 구하진 않았다. 하지만 나는 거짓말을 하고, 거짓말을 퍼뜨리고, 내가 돕고 싶은 여성들을 상처 입게 한 나의 모습을 어떻게 발견했는지 이해하려고 노력했다.

그리고 다음에 해야 할 일을 절실히 알고 싶었다.

이것이 나의 이야기다.

2장

자원봉사 박람회

2001년 9월 따뜻한 오후, 나는 배고팠고 다음 수업 전에 점심을 먹고 쉬고 싶었다. 그래서 학생회관 플래그룸Flag Room을 지나 카페테리아 쪽으로 향했다. 그 길이 내 열정을 불태우고 10년 가까이 사랑할 직업으로 가는 길이라고는 꿈에도 생각 못했다.

때마침 자원봉사 박람회가 열린 것을 보았다. 매년 두 차례씩 자원봉사 박람회가 열렸기 때문에 부스, 자원봉사자, 팻말, 모인 사람들의 모습에 크게 놀라지 않았다.

나는 서두르지 않고 책으로 가득 찬 백팩을 고쳐 매고 박람회 미로를 헤치며 지나갔다. 비영리 단체들은 박람회장 부스에 흩어져 있었고, 대부분은 채용 담당자였다. 나는 부스를 돌아다니면서 팸플릿을 집어 들고 팻말을 몇 개 읽고 있었다. 그때 핫핑크로 장식된 부스가 눈길을 끌었다. 부스에는 펜, 연필, 형광펜, 자, 네일, 그리고 핫핑크 물병과 같은 많은 경품이 있었다. 부스에 있는 여성은 친절하고 말을 붙이기 쉬워 보였지만 한편으로는 전문적이고 품위 있어 보였다. 나는 가까이 다가가서 팸플릿을 보았다.

"어서 와요! 혹시 가족계획연맹에 대해 알고 있나요?" 그녀가 물었다.

"아니요. 들어만 봤어요. 가족계획연맹은 뭐 하는 곳인가요?"

"가족계획연맹은 모든 지역 사회에 여성들이 어려움을 겪거나 도움이 필요할 때 의지할 수 있는 클리닉이 필요하다고 생각하는 곳이에요."

나는 그 말이 마음에 들었다. 나는 위기에 처한 사람들을 위한 자석 같았다. 내 친구 더그는 항상 나를 놀렸다. "애비, 마치 사람들이 우표를 수집하는 것처럼 너는 길을 잃은 동물들을 모으는 것 같아." 길을 잃은 동물들, 울기 위해 기댈 어깨가 필요하거나, 격려나 위로의 말이 필요한 사람들이다.

"어떤 자원봉사자를 찾으세요? 봉사자들은 어떤 일을 하나요?" 나는 물었다.

그 여성은 가족계획연맹에는 많은 기회가 있다고 말했다. 어떤 봉사자들은 여성들이 차에서 클리닉으로 갈 때 동행하고, 다른 봉사자들은 사무실에서 서류 작업과 정리를 돕는다고 했다. 그녀는 가족계획연맹은 여성을 보살피는 방법을 알고, 동정심이 많고, 사람들과 잘 어울리는 자원봉사자들을 원한다고 말했다.

"우리 클리닉에서는 여성들의 안전이 매우 중요해요." 그녀는 덧붙였다. "여성들은 클리닉에서 자유롭게 피임 방법을 알 수 있고, 필요하다면 낙태도 할 수 있어요."

그 말을 듣자 배가 조여 왔다. "글쎄요, 저는 낙태를 어떻게 생각하는지 잘 모르겠어요. 우리 가족은 생명 수호를 지지하고 저도 항상 그랬던 것 같아요." 그 말을 하면서 그녀가 나의 내면의 불편함을 꿰뚫어 볼 수 없기를 바랐다.

"오, 이해해요." 그녀는 고개를 끄덕였다. 나는 조금 긴장을 풀었다. 그녀는 생명 수호나 여성권 수호와 관련된 논쟁을 하지 않았다. 만약 그랬다면, 나는 내 입장을 지킬 수 없었을 것이다. 사실 나는 양쪽의 쟁점과 논쟁을 신중히 생각해 본 적이 없었다. 그리고 낙태에 대한 논의는 피하고 싶었다. 한편으로 무슨 일이 있어도 낙태 지지자로 보이고 싶지 않았다. 아기들과 가족을 사랑하고, 가족 제도 보호를 선호하는 사람으로 보이고 싶었다.

"낙태 수행 건수를 줄이는 것이 가족계획연맹의 목표예요. 여성들은 원치 않는 임신을 피할 수 있도록 자신의 선택권을 알아야 하지 않을까요?"

나는 깜짝 놀라 눈썹을 치켜 올렸다. 그리고 그녀가 한 말을 되풀이했다.

"낙태 수행 건수를 줄이는 것이 목표라고요? 그게 무슨 뜻인가요?"

그 여성은 가족계획연맹은 지역 사회에 피임 방법 교육을 제공하는 선두자라고 설명했다. 여성들에게 피임 방법을 제공했기에 수천 건의 낙태가 필요하지 않았다고 했다. 그러나 여성들이 실제로 낙태가 필요한 경우, 가족계획연맹 클리닉은 여성들의 안전을 우선시한다고 말했다.

"위기에 처한 여성들을 돌보는 것이 우리가 하는 전부예요. 자원봉사자로서 당신은 직접 보게 될 것이에요." 그녀가 말했다.

나는 그 여성의 진심을 느낄 수 있었다. 그녀가 좋았다! 그녀가 여성을 얼마나 걱정하는지 알 수 있었다. 그녀는 가족계획연맹은 피임 방법뿐만 아니라 매년 실시하는 검사, 성병 검사와 치료, 유방과 자궁 경부 검사, 성교육 등을 제공한다고 말했다.

"우리는 텍사스 남동부 여성들에게 가장 신뢰받는 생식 보건 의료 공급자예요."라고 그녀는 결론지었다. 나는 주의 깊게 듣고 있었다.

"여성들은 수년에 걸쳐 지금까지 왔어요. 그렇지 않나요? 불과 80년 전만 해도 우리에게 투표권이 없었다는 게 믿겨지나요? 우리는 동등한 노동과 여성의 권리를 위해, 동등한 임금을 받기 위해 열심히 싸워야 했어요. 하지만 요즘 같은 시대에도 여성의 몸을 돌보기 위해 할 수 있는 일과 할 수 없는 일을 말하고 싶어 하는 사람들이 있다는 것을 정말 믿을 수 없어요."

나는 고개를 끄덕이며 여성의 동등한 권리에 동의했다. 그녀는 이치에 맞는 말을 하고 있었다.

나는 그녀에게 물었다. "봉사자들은 여성들이 클리닉에 갈 때 동행해야 한다고 했는데요, 무슨 뜻이에요? 동행이 왜 필요한가요?"

그녀는 과격한 낙태 반대 시위자들이 여성들이 필요한 도움을 받지 못하게 하기 위해 클리닉에 온다고 설명했다. 가끔 시위자들은 클리닉을 둘러싸고 고객들을 모욕하며 겁을 주어 쫓아 버리고 수치심을 준다고 했다. 봉사자들은 차에서 여성들을 만나 그들이 안심하도록 동행하며 클리닉으로 데려간다고 했다.

"특히 그들 중 대부분은 이미 겁을 먹고 혼란스러워하고 있기에 봉사자들이 동행해 주는 것이 그 여성들에게 큰 차이를 만들어요."

나는 화나고 과격한 군중 사이를 혼자 지나가면 얼마나 무서울지 상상해 보며 물었다.

"실제로 봉사자가 필요할 정도로 안 좋은 일이 자주 발생하나요? 항의하는 사람들이 정말 그렇게 많은가요?"

"오, 그럼요, 유감스럽지만 그래요." 시위자들은 여성의 낙태 권리를 빼앗으려고 한다고 그녀는 말했다. 만약 낙태가 불법이라면, 위기 임신 여성들은 어떻게 될까? 그들의 유일한 선택은 위험한 곳으로 가는 것이다. 그곳에서 그들은 부상을 당하거나, 피해를 입거나, 심지어 죽을 수도 있다는 것이다.

그녀는 믿을 수 없다는 표정으로 나를 쳐다보았다.

"이 시대에 당신처럼 건강한 여성들이 안전하고 입증된 합법적인 의료 절차에 접근할 수 없어서 죽는다는 것을 상상할 수 있어요?"

'그건 정말 잔혹해.' 나는 충격을 받았다. '전혀 상상할 수 없어. 이미 안전한 의료 절차가 있다면 여성들은 죽을 필요가 없어! 누가 그런 걸 여성에게 강요하겠어? 그들은 왜 우리가 뒷걸음질하고 의료 도움을 받을 권리를 없애기를 원할까? 나는 낙태 찬반 논쟁을 피하면서, 현실을 외면하고 있었어!'

우리는 눈이 마주쳤고, 둘 다 고개를 저었다. 그녀의 동정심은 나를 사로잡았다. 그녀와 나는 정말 비슷했다. 우리 둘 다 사람들을 걱정했다. 동정심은 항상 내 삶의 원동력이었고, 내 정체성의 일부였다. 나는 정말로 아픈 사람들을 돕고 싶었다.

"이름이 뭐예요?" 그녀가 물었다.

"애비예요. 저는 심리학과 3학년이에요." 그녀가 손을 내밀었고 우리는 악수를 나누었다. "저는 질이에요. 가족계획연맹에서 지역사회봉사 활동을 하고 있어요."

그녀는 내가 딱 원하는 전문직 여성이었다. 나는 내가 이런 다른 여성들과 함께 일하고 싶다는 것을 알았다. 내가 자원하면 그녀와 함께 일할 수 있을까?

"애비, 만나서 반가워요." 질은 말했다. "그래요. 그게 우리가 하는 일이고, 예산이 극도로 제한되어 있기 때문에 도와줄 봉사자가 필요해요. 우리가 제공하는 많은 서비스는 고객들에게 무료이거나 저렴하거든요. 자, 그럼 애비에 대해 좀 알려 줘요."

나는 질에게 사람들과 대화하는 것을 좋아하고 위기에 처한 사람들에게 늘 끌렸다고 말했다. 더그가 길을 잃은 동물들을 모은다고 한 이야기를 그녀에게 하자 그녀는 나와 함께 웃었다. 내가 심리학 석사 학위 졸업 후 치료사가 되고 싶다는 계획을 설명하자 그녀는 이해한다는 듯 고개를 끄덕였다.

"애비, 제가 당신에 대해 존경하는 게 뭔지 알아요? 당신은 당신이 어디로 가는지 알고 있어요." 그러면서 질은 나에게 피임 방법을 모르는 여성들의 수에 놀랄 거라고 말했다. 가족계획연맹 클리닉에 온 많은 여성들은 임신을 예방하는 방법조차 알지 못한다고 했다. 그리고 가족계획연맹은 어린 미혼 소녀들뿐만 아니라, 특히 지역 저소득층 기혼 여성들에게 성교육과 무료 또는 저비용 피임 방법을 제공한다고 했다.

질은 가족계획연맹은 판단, 비난 없이 듣기 때문에 여성들은 도움이 필요할 때 클리닉에 왔다고 말했다.

"가슴 아파요." 질이 고개를 끄덕이며 말했다. "몇 명의 과격한 시위자들은 이 여성들에게 많은 수치심을 주고, 낙태뿐만 아니라 심지어 피임까지 항의해요."

"무슨 말씀이세요?" 나는 혼란스러웠다. 누가 피임에 반대하지? 나는 그런 말을 들어본 적이 없었다.

"애비, 슬픈 사실이 있어요. 낙태를 막고 싶은 사람들은 피임을 믿지 않아요." 질은 나에게 생명 운동가는 임신을 예방하는 것에는 관심도 없이 낙태를 금지하기 원하고, 여성들이 돌볼 수 없는, 원치 않는 아기들과 함께 더 큰 가난 또는 위험한 뒷골목을 선택하도록 강요한다고 말했다.

나는 왜 이런 사실을 모르고 있었을까? 나는 왜 지금까지 살면서 무슨 일이 일어나고 있는지 깨닫지 못했을까?

'여기가 바로 내가 있어야 할 곳이야!' 나는 그 자리에서 결정했다. 나는 이 일에 참여하고 싶었다. 임신을 예방하고, 낙태를 줄이고, 도움이 필요한 여성들의 삶에 변화를 줄 수 있다. 이 일은 여성들과 지역 사회에도 좋고, 나에게도 완벽하게 맞는다.

"자원봉사를 하고 싶어요. 어떻게 신청하나요?" 나는 내가 믿었던 대의명분에 참여하고 싶은 들뜬 마음으로 자원봉사 신청서를 작성했다. 빨리 시작하고 싶었다.

◇◇◇ **3장** ◇◇◇

비밀에 담긴 힘

'엄마가 알기를 원하지 않는 결정은 절대 믿지 마라.' 이 얼마나 놀라운 통찰력인가! 요즘 나는 이 말이 내 인생에서 얼마나 당연한 진리였는지 생각하면 웃음이 난다. 하지만 이러한 지혜를 갖도록 인도한 그 길은 후회, 고통, 깨짐, 수치심 그리고 피로 얼룩져 있다.

하지만 이러한 일이 닥칠 것이라고 전혀 알지 못한 채, 나는 위기에 놓인 여성들을 돕는 자랑스러운 용사로서 자원봉사 박람회장을 떠났다. 불법 낙태 수술소, 성병, 매년 검진을 받지 않아 감지되지 않는 암, 여성들을 모욕하며 수치스럽게 하려는 선동자들에 맞선 수호자가 될 것이다.

그러나 나는 엄마에게 전화해서 이 좋은 소식을 알리지 않았다. 왜 그랬을까?

부모님은 록데일에 살고 있었고 그곳은 텍사스 A&M 대학교에서 45분 정도 거리에 있었다. 나는 부모님과 좋은 관계를 유지하고 있었고 이토록 친밀한 유대감을 가진 가족을 지닌 내가 행운아라고 생각했다.

나는 거의 매일 집에 전화를 걸어 생활, 학교, 친구에 대한 이야기를 나눴다. 박람회 이후에도 마찬가지였다. 단지 가족계획연맹 자원봉사자가 되기로 한 새로운 결정을 말하지 않았을 뿐이다. 비밀로 하려고 그랬다기보다는 부모님에게 염려를 끼치고 싶지 않았다. 부모님은 가족계획연맹이 낙태를 줄이는 일을 한다는 것을 이해하지 못할 것 같았다. 나는 일단 기다려야겠다고 다짐했다. '내가 여기서 하는 일의 좋은 사례와 내가 어떻게 여성들을 돕고 있는지를 설명할 수 있을 때까지 당분간 말하지 않고 기다려야겠어.'

사실 이는 내가 부모님에게 숨긴 첫 번째 비밀은 아니었다.

나는 록데일의 작은 마을에서 텍사스 A&M 대학교 근처로 이사했다. 그리고 다른 많은 대학 신입생들처럼 새로운 자아를 찾으면서 대학교 캠퍼스에서 즐거운 첫 해를 보냈다. 나는 몇 달 사이에 기대 이상을 수행하는 착한 소녀에서 파티걸로 거듭났다. 그렇다 보니 자연적으로 성적과 친구들과 활동에 어려움을 겪었다. 부모님과 나는 내가 제자리에 있지 않다는 사실을 깨달았고 나는 브라이언에 있는 커뮤니티 칼리지로 편입하여 좋은 성적을 받았다. 좋은 소식이었다. 그러나 나쁜 소식도 있었다. 마크라는 남자에게

푹 빠져 버린 것이었다.

마크는 나보다 여덟 살 많았고 우리의 관계는 감정적으로 그리고 육체적으로 빠르게 발전했다. 마크는 이미 결혼을 했던 사람으로 저스틴이라는 세 살짜리 아들도 있었다.

부모님은 마크와 관계를 조심하라고 주의를 주었지만 나는 듣지 않았다. 나와 마크는 곧 약혼했고, 나는 텍사스 A&M 대학교에 돌아가서 결혼한 여성으로서 학업을 계속할 계획이었다.

그러던 중 임신했다는 사실을 알게 되었다.

두렵고 혼란스러웠다. 나는 마크를 사랑했고 저스틴을 많이 좋아했으며 가족으로서 함께하는 인생을 고대하고 있었다. 학교를 몇 년 더 다니고 의미 있는 직업을 갖기를 기대했다. 나는 돌봐야 할 아이가 추가된 계획을 그려 보려고 최선을 다했지만 어떻게 하면 모든 것이 잘될지 알 수 없었다. 부모님에게 이 사실을 알리는 것은 상상도 할 수 없었다. 마크와 관계를 지지하지 않은 부모님은 분노하고 있었으며, 이로 인해 부모님과 관계가 거의 파탄에 이르렀다. 그런 그들을 어떻게 마주할 수 있으며 어떻게 그들에게 결혼 전 임신했다는 수치심을 안길 수 있을까?

한편 마크는 우리 미래에 아기를 포함시킬 계획이 없었다. 그는 해결책을 즉시 제안했다.

"아, 큰 문제가 아니야." 그는 대수롭지 않게 말했다. "그냥 지우면 돼."

"근데 마크, 그것을 내가 어떻게 느낄지 모르겠어. 나는 지금 아이를 가질 수 없어. 그럼 학교를 포기해야 해. 그렇지만…… 낙태?"

"정말 쉬워. 낙태한 친구들이 있어. 별것 아니야. 약속 한 번만 잡으면 문제는 해결 돼." 마크는 휴스턴에 있는 클리닉을 알고 있다고 알려 줬다. 결국 우리는 낙태를 하기로 결정했다.

마크와 나는 며칠 안에 계획을 세웠고, 낙태 비용인 500달러를 지불하기 위해 첫 신용카드를 신청했다. 그러고는 클리닉에 전화를 걸어 약속을 잡았다. 나는 내 안에 아기가 이미 있다는 단순한 사실을 한 번도 생각하지 않았다. 마치 내 안에 있는 것은 아기가 아니라 의학적 상태로 '치료'가 필요한 것이라는 생각을 했다. 임신은 나의 첫 번째 위기로 내가 짊어져야 할 무거운 짐 같았다. 내가 나 자신을 이러한 문제로 끌어들였고 이제 이곳에서 빠져나가기 위해 문제를 풀어야 했다. 수치스럽게도 나는 이 해결 방식 말고 다른 방식을 생각해 보지 않았다.

약속 날 아침, 우리는 클리닉에 가서 접수했다. 마크는 나랑 같이 잠깐 앉아 있다가 밖으로 나갔다. 나는 다른 여성들과 함께 뒷방에서 그룹 상담 시간을 가졌다. 우리 모두는 절차를 설명하는 짤막한 비디오 영상을 시청했다. 영상이 끝났을 때 직원이 웃으면서 말했다. "아, 걱정하지 말아요, 아가씨들." 그녀는 아무렇지도 않다는 듯이 비디오를 흔들어 대며 이렇게 말했다. "나는 낙태를 아홉 번은 했어요. 진짜로요. 당신들이 알아차리기도 전에 이미 끝나 있을 거예요. 별로 큰일이 아니랍니다."

'와, 아홉 번? 나는 저렇게 되고 싶지 않아.'라고 속으로 생각했다. 나 혼자만 그런 생각을 한 것은 아니었던 모양이다. 많은 여성들이 눈을 서로 마주치며 믿을 수 없다는 표정을 지었다.

"다시 와야 할 때 이름을 부를 거예요." 그 직원은 복도로 사라졌다.

그게 전부였다. 우리의 '상담'은 종료되었다. 우리는 침묵 중에 앉아서 기다렸다.

그다음 일어난 일에 대해서는 기억이 잘 나지 않는다. 가장 명확한 기억은 내가 테이블 위에 누워 다리를 발걸이 위에 올려놓았고 배에서 고통스럽고 지속적인 압박감을 느꼈다는 것이다. 나는 신음하고 있었고 간호사가 나의 팔을 부드럽게 쓸어내리고 있었다. "괜찮아요. 거의 끝났어요." 나는 눈을 뜨고 내 머리 위 천장에 붙은 고양이 포스터를 봤다. 고양이가 나뭇가지에 매달리고 있었는데 그 고양이가 늘어뜨린 발아래 이러한 문구가 붙어 있었다. '조금만 참으세요.'

그때 고양이가 움직였다. 마치 천장에서 미끄러지듯이. 그리고 벽으로 움직였다. "저 그림이 뭔가 잘못되어 있어요."라고 말하려고 했으나 내 혀는 무겁고 느릿느릿했다.

"괜찮아요. 그냥 약이에요. 자, 긴장 푸세요."

그리고 또 한 번 고통이 찾아왔다. 나는 신음하는 소리를 들었지만 멀게 느껴졌다.

 그 후 나는 그 고통이 멈추었다는 사실을 어렴풋이 알 수 있었다. 다음으로 기억하는 장면은 딱딱한 의자에 앉아 앞으로 쓰러지다 깨어난 일이었다. 내 의자는 의자가 쭉 놓인 곳에 있는 의자 중 하나였고, 나와 함께 영상을 시청한 여성들로 가득했다. 몇몇은 바닥을 내려 보았고, 몇몇은 자신의 배를 팔로 감싸고 앞뒤로 움직이고 있었다. 몇몇은 숨죽여 울고 있었다. 어떤 이들은 움직여서 편안한 자세를 찾으려고 노력하고 있었다. 우리는 서로 눈을 마주치지 않았다.

 그 불편한 의자에 얼마 동안 있었는지 잘 모르겠다. 눕고 싶었지만 어떤 사람이 바로 나를 일으켜 세워 옷 입는 것을 도우며 나에게 과자 몇 개를 건네주었다. "자, 드세요. 그리고 이제 가도 됩니다."

 나는 시키는 대로 하고 그곳을 빠져나왔다. 마크는 밖에서 나를 기다리고 있었는데, 그의 모습은 태연하고 태평스러웠다. 그는 내가 차를 타는 것을 도왔고 우리는 브라이언까지 조용히 갔다. 그는 내 아파트에 나를 내려 줬다.

 그 일은 끝났다. '문제'는 사라졌다. 절차는 고통스러웠지만 나는 후회하거나 슬퍼하지 않았다. 내가 한 일이 옳은지 그른지도 고민하지 않았다. 그저 안도감만 있었다. '휴, 이제 끝났어. 이제 내 삶을 살 수 있어.'

나는 그 경험을 상자 안에 넣어 못질하여 닫아 버리고 내 영혼의 어두운 구석에 있는 선반에 밀어 넣고는 마치 아무 일도 없었듯이 행동했다. 3일 후 나는 정상적인 활동을 시작했다. 나는 아무에게도 이 일을 이야기하지 않았다. 이는 마크와 나만이 아는 비밀이었고 이에 대해 두 번 다시 언급하지 않았다. 몇 달 후에 우리는 결혼을 했다.

내가 질의 가족계획연맹 이야기를 빨리 받아들일 수 있었던 이유 중 하나가 나의 비밀스러운 결정에 타당성을 부여했기 때문이라고 생각한다. 낙태한 지 12개월이 지난 후에 이 단체에 대한 소개를 들은 것이다. 질은 분명 낙태라는 결정을 가볍게 생각하지 않았다. 그녀는 여성들이 겪는 위기를 이해했다. 가족계획연맹에서 나의 역할은 다른 여성들이 그들의 '권리'를 수호하고 그들이 위기를 겪을 때 이러한 의료 서비스에 '접근'할 수 있도록 돕는 것이었다.

클리닉으로 가는 길은 텍사스 A&M 대학교 플래그룸에서 텍사스 주 브라이언 4112 동쪽 29번가로 뻗어 있었다. 나는 5킬로미터 되는 이 짧은 거리를 여러 번 왕복했다. 가족계획연맹 클리닉 주차장에서 주차하려면 검은색 철문과 클리닉을 둘러싼 180센티미터 정도 되는 울타리를 지나야 한다.

4장

대의명분

가족계획연맹 클리닉 주차장에 처음 들어갔을 때, 건물과 부지를 둘러싼 철로 된 높은 울타리에 기겁했다. 분명히 울타리는 무언가를 가두거나 잠그도록 설계되었다. 그때까지 나는 그 울타리가 내 삶에서 강력한 역할을 하게 될 것이라고는 예상하지 못했다.

'그냥 확인하러 왔을 뿐이야. 마음에 들지 않으면, 다시 돌아오지 않으면 돼.' 나는 긴장을 가라앉히면서 스스로에게 말했다.

주차하기 전에 건물 입구를 확인하고 싶었다. 나는 넓은 진입로에 열린 문으로 들어갔고 울타리와 건물 사이에 세워진 작은 부지에서 둘러봤다. 앞 유리창에서 철창을 내다보니 감옥에 갇혀 있는 느낌이 들었다.

'딱히 좋은 광경은 아니네. 왜 울타리가 필요하지.'

나는 오전 6시 40분쯤 도착했다. 내 근무 시간은 오전 7시에서 오전 9시까지였지만, 근무하기 전에 적응할 시간을 갖고 싶었다. 채용 담당자 질은 자원봉사자는 보통 고객과 동행하는 일을 한다고 말했지만 나는 정말로 무엇을 할지 예상하지 못했다.

차를 주차하고 클리닉으로 들어가자, 모든 봉사자들은 조끼를 나눠 받았다. 조끼는 밝은 남색이었다. 나중에는 밝은 형광 노란색 조끼로 바꿨다. 가족계획연맹 임상의, 간호사, 사무실 직원들과 대표는 모두 다양한 색깔의 수술복을 입었다.

나는 클리닉 대표 셰릴을 만났다. 셰릴은 내 임무를 알려 줄 경험이 많은 동행 담당 자원봉사자를 소개했다.

그 봉사자는 밖에 있는 정문 옆에서 기다리면 된다고 설명했다. 고객이 차를 세우면 우리는 즉시 그녀의 차로 가서 그녀가 문을 열었을 때 옆에 있어야 한다. 누군가 그곳에 있기 때문이다. 그 봉사자는 클리닉을 열 때쯤이면 생명 운동가들이 울타리 반대편에 있다고 말했다. 그들은 매주 화요일이 낙태하는 날이라는 사실을 알고 나타난다고 했다. 고객이 문을 열면, 우리는 바로 이야기를 시작해야 한다. 날씨, 옷, 자동차 등 울타리를 통해 들려오는 목소리를 분산시킬 수 있는 모든 것을 이야기해야 한다.

"처음 몇 번은 저와 함께 다니면서 어떤 느낌인지 보세요." 그 봉사자는 내 역할에 대해 간단히 설명하면서 말했다.

모든 것이 너무나 이상했다. 7시가 되자 생명 운동가들이 울타리 반대편에 나타나기 시작했다. 우리는 교대하기 위해 밖으로 나왔다. 나는 매우 불안했다. 기다리면서 울타리 반대편에 있는 시위대 몇 명을 보고 당황했다. 한 명은 그림 리퍼(죽음의 신)로 차려입고 큰 낫을 들고 다녔다. 한 여성은 자리를 잡고 낙태된 태아의 사진과 함께 거대한 현수막을 흔들기 시작했다. 기괴한 사진이었다. 나는 그녀가 왜 그렇게 대중 앞에서 그 잔인한 사진을 보여 주는지 이해할 수 없었다. 때때로 그녀는 낙태 반대 구호를 외치곤 했다. 그러나 모든 사람이 그렇게 극적인 것은 아니었다. 어떤 사람들은 모여서 묵묵히 서 있거나 몇몇 사람들은 작은 무리를 지어 기도했다.

첫 번째 고객이 주차장으로 들어왔고, 그녀가 차 문을 열 때 나는 봉사자를 따라갔다.

"안녕하세요. 찾는데 어렵지 않았나요? 오늘 아침 날씨가 좋아요, 그렇죠?" 그 젊은 여성은 봉사자의 말을 반은 듣고 있었고, 반은 나처럼 그 사람들이 누구인지 보려고 울타리를 뚫어져라 바라보고 있었다.

그때 울타리 반대편에서 목소리가 들려왔다.

"안녕하세요! 저는 생명운동연합에서 왔어요. 당신이 원한다면 우리가 도와줄 수 있어요. 우리에게는 대안이 있어요. 오늘 이 과정을 겪지 않아도 됩니다." 그 봉사자는 자신과 경쟁하는 다른 목소리가 안 들리는 척하면서 교통에 대해 물어보는 등 최선을 다했다. 그러나 나는 그 사람이 무슨 말을 하는지 궁금했다.

'저 사람들은 누구지? 나처럼 대학생들인가? 저 사람들은 왜 이렇게 이른 화요일 아침에 이곳에 왔고, 무엇을 얻을 수 있다고 생각하지? 모두 서로 아는 사이인가? 같이 계획하는 건가?'

고객을 울타리에서 멀어지게 하고 문을 열고 들어갈 때도, 봉사자는 계속 수다를 떨었다. 한 클리닉 직원이 그녀를 맞이하며 대기실로 안내했고 우리는 정문으로 돌아왔다. 그리고 양쪽 울타리에서 같은 상황이 반복되는 동안 놀랍도록 고객들의 행렬이 꾸준히 이어졌다.

나는 봉사자에게 물었다. "왜 생명 운동가들은 여기 오는 모든 여성이 낙태 수술을 받으러 온다고 생각하나요? 가족계획연맹은 모든 종류의 서비스를 제공하잖아요? 자궁 경부 검사, 임신 검사와 초음파 검사, 그렇죠?"

"맞아요. 하지만 낙태 수술이 있는 날은 아니에요. 우리는 화요일에 대부분 낙태 수술만 하고, 그들은 그 사실을 알고 있어요." 다른 차가 주차장에 들어서자 봉사자가 말했다. "이번에는 당신 차례예요. 제가 당신과 함께 걸어가지만, 당신이 이야기해야 해요. 준비됐나요?"

나는 고객이 차 문을 열자마자 바로 말을 걸었다.

"안녕하세요! 잘 찾아와서 다행이네요. 문으로 함께 걸어가요."

내가 잠시 멈칫하는 사이에 또 다른 목소리가 들렸다. "우리는 오늘이 당신에게 힘든 날이라는 것을 알고 있어요. 우리는 당신이 걱정되어서 여기에 나와 있어요." 그때 나는 만약 그들이 진심으로 이 여성을 걱정한다면, 그림 리퍼와 낙태된 태아의 거대한 사진을 전시하며 두렵게 하지 않았을 것이라는 생각이 들었다. 나에게는 그들이 그녀를 전혀 신경 쓰지 않는 것처럼 보였다. 내 고객은 누가 울타리에서 말을 했는지 보려고 고개를 돌렸다. 내 눈은 잠시 그녀를 따라 내 나이 또래의 젊은 여성에게로 향했다.

"저 사람들은 신경 쓰지 마세요." 나는 그녀의 관심을 다시 내게 돌렸다. "들어가요."

바로 그때 울타리에 있는 누군가가 소리쳤다. "낙태 지지자는 살인자다! 회개하라!"

"날씨가 따뜻해지기 시작했어요, 그렇죠? 셔츠 색깔이 예쁘네요." 나는 말할 거리를 찾고 있었지만 우리가 방금 들은 비난에 비추어 볼 때 얼마나 우스운 소리인지 알 수 있었다. 고객과 내가 건물 쪽으로 향하고 있을 때, 또 다른 목소리가 내 목소리 너머 들렸다.

"당신도 오늘 이 일을 겪고 싶지 않죠? 우리에게는 다른 대안이 있습니다." 한 남자의 목소리가 들려왔다. 고객은 나를 쳐다봤고 나는 그녀의 눈에서 불안을 느꼈다.

"자, 도착했어요. 제가 문을 열어 드리죠." 나는 고객을 보호해야겠다는 생각이 들었고, 가능한 한 달래는 목소리로 말했다. 나는 그녀를 접수 담당자까지 바래다주었다.

"드디어 왔네요. 이제 접수 담당자가 당신을 도와줄 것입니다."

"감사합니다." 그녀는 바닥에 시선을 떨어뜨리며 소심하게 대답했다. 겁먹은 표정이었다.

나는 그녀의 팔을 부드럽게 쓰다듬어 준 다음, 접수 담당자에게 맡기고 조금은 난처한 느낌을 받으며 밖으로 다시 나갔다.

봉사자는 내가 고객과 함께 이동하면서 대화를 한 건 잘했다고 했다. "우리는 생명 운동가들에게서 고객들을 보호하기 위해 할 수 있는 모든 일을 해야 합니다." 그녀는 덧붙였다.

"저기 저 남자 보이죠?" 그녀는 나보다 열 살쯤 더 많아 보이는 울타리 너머 있는 남자를 가리켰다.

"네. 저 남자는 누구예요?"

"데이비드 베레이트예요. 생명운동연합 대표죠. 그들의 사무실은 바로 길 아래쪽에 있어요." 그녀는 그 단체의 목적은 우리를 대적하고 이곳을 폐쇄시키는 것이라고 계속 설명했다.

나는 울타리 너머 모인 이들을 바라보았다. 일부 대학생으로 보이는 남학생들과 여학생들은 머리를 숙이고 함께 기도하고 있었다. 유모차를 끈 젊은 두 엄마는 그저 서서 바라보고 있었다. 한 중년 부부는 클리닉 문 쪽으로 안내받는 고객에게 말을 걸고 있었다. 그림 리퍼 옷을 입은 사람은 그저 숨어 있다가 가끔 큰 낫을 공중에 휘둘렀다. 백발의 한 남자는 붉은 페인트로 노골적으로 '살인자들MURDERERS'이라고 쓴 팻말을 들고 왔다 갔다 하고 있었다.

낙태된 태아 사진을 든 여성은 마치 퍼레이드를 하는 것처럼 앞뒤로 행진하고 있었다. 한 젊은 커플은 '생명을 선택하세요CHOOSE LIFE'라고 쓴 팻말을 들고 서 있었다.

나는 생각했다. '믿을 수가 없어. 내가 무슨 일을 시작한 거지?' 이것은 울타리를 넘어 대결을 하는 것 같았다. 마치 전쟁처럼 말이다. 나는 공기 중의 긴장감을 감지할 수 있었다.

다른 봉사자가 다음 차로 갔고, 나는 그냥 바라봤다. 고객들은 주차할 수 있는 방법이 두 가지 있었다. 내가 했던 것처럼 울타리를 마주보고 주차하기 위해 왼쪽으로 돌 수 있고, 오른쪽으로 가서 건물을 마주보고 주차할 수도 있었다. 이번 고객은 울타리를 마주보고 주차했다. 울타리 밖에서 내 나이쯤 된, 친절해 보이는 젊은 여성이 앞으로 나왔고, 울타리에 몸을 밀어붙이고는 고객이 차문을 여는 순간 부드럽게 말했다. 정문 옆에 있는 내 자리에서는 그녀의 말을 들을 수 없었지만, 고객은 잠시 멈추고 귀를 기울였다. 울타리 밖에 있는 여성은 조용하게 말을 계속했다. 봉사자는 고객의 관심을 끌려고 노력했지만 충분하지 못했다. 나는 고객이 울타리 쪽으로 가는 모습을 지켜보았다. 그리고 그 고객과 여성은 울타리를 사이에 두고 열린 문 쪽으로 나란히 걸어갔다.

"이런, 그들이 한 명 데려갔어요." 봉사자가 말했다. "저는 그들이 불쌍한 여성들을 그냥 내버려 뒀으면 좋겠어요. 이런 개인적인 결정을 가지고 여성들을 괴롭혀야 할까요? 왜 모든 사람이 세상을 자기들처럼 흑백으로 보지 않는다는 것을 받아들이지 못할까요?"

나는 그 여성이 고객에게 몇 가지 인쇄물을 건네는 것을 지켜보았다. 나에게는 고객이 괴롭힘을 당하는 것처럼 보이지 않았다. 분명히, 그녀는 생명 운동가와 대화하기로 선택했다. 봉사자는 그 여성을 노려보고 서 있었다. 두 사람은 건물 안으로 걸어 들어갔다. 나는 혼란스러웠다. 그 고객은 그 여성에게 얻은 정보에 진심으로 관심을 보였다.

'우리가 낙태 지지자라고 한다면, 우리는 여성들이 하고 싶은 것을 선택하게 해야 한다고 생각하지. 그렇다면 고객들이 자신의 선택에 대해 이야기 나누는 것에서 왜 보호해야 한다고 생각하지? 그들이 정보를 듣고 떠나겠다고 선택하는 것에 무슨 문제가 있나? 우리는 그들이 대안을 고려하고 그들에게 맞는 결정을 하기를 원하지. 그렇지 않나?'

그러나 울타리를 가로지르는 또 다른 모습이 정신을 번쩍 들게 했다. 끔찍한 사진을 들고 행진하는 여성, 큰 낫을 공중에 휘두르는 그림 리퍼, 붉은 글씨로 '살인자들'이라고 적힌 팻말. 이 사람들 중 일부는 도움을 주거나, 합리적으로 보이지 않았다.

'그들은 여성들에게 선택권을 주지 않아. 단지 여성들이 낙태를 하지 않기를 바랄 뿐이야.'

나는 클리닉 대표 셰릴의 전문적인 태도를 생각했다. 청결한 사무실 안에는 임상의, 간호사, 초음파 장비가 있다. 모든 전문가들은 암 검진과 성병 검사를 할 수 있다. 확실히 우리는 좋은 편이다. 그렇지 않나?

모든 것이 불확실했던 나는 근무가 끝나기를 바라고 있었다.

마침내 두 시간 교대 근무를 마쳤을 때, 나는 조끼를 빨리 건네주었다. 그러고는 길을 따라 내 차 쪽으로 빠르게 걸어갔다. 그때 아까 보았던 친절한 얼굴의 여성이 내 옆에 나타났다.

"안녕하세요. 저는 마릴리사예요. 여기선 처음 보는 것 같네요."

"네. 오늘 처음 왔어요."

나는 그녀가 무슨 행동을 할지 몰랐기에 조심스러웠다. 그녀가 물었다.

"자원봉사를 하는 이유를 이야기해 줄 수 있나요?"

"글쎄요. 제가 다시 올지는 잘 모르겠어요. 그냥 좀 지켜보고 있어요."

"이름을 물어봐도 될까요?"

"애비예요."

마릴리사는 더욱 진지해 보였다. "애비, 그들이 낙태를 하는 것을 알고 있나요?"

나는 왜 전에 만난 적도 없고, 울타리 반대편에 있는 그녀를 완전히 경계하지 않았는지 모르겠다. 그러나 나는 그때 그 누구에게도 말하지 않았던 것을 그녀에게 말했다.

"저는 낙태한 경험이 있어요. 제가 내린 결정이었고, 다른 여성들도 같은 결정을 하는 것에 아무런 문제가 없어요."

마릴리사는 고개를 끄덕였다. "애비, 그런 경험을 하게 되어서 정말 유감이에요."

나는 그녀의 목소리에 담긴 친절함에 조금 당황했다.

"아니요, 전 괜찮아요, 정말. 그건 제 결정이었어요. 아무도 강요하지 않았어요."

"네. 하지만 애비, 혹시라도 어떤 도움이 필요하면······."

그때 우리는 큰 소리를 들었다. 셰릴이 클리닉 바로 옆문 밖에서 고함을 치고 있었다.

"마릴리사, 애비를 내버려 둬요!" 그녀의 목소리가 허공을 찔렀다.

깜짝 놀랐던 기억이 난다. 사실 그때까지 나는 꽤 즐거운 대화를 나누고 있었다. 마릴리사는 나를 귀찮게 하지 않았다. 나는 그녀가 공격적이거나 도를 넘었다고 생각하지 않았다. 사실, 그녀가 정말 친절하다고 생각했다. 우리의 고객이 왜 울타리를 통해 그녀와 대화하고 싶었는지 깨달았다.

그때 셰릴이 다시 소리쳤다. "애비, 어서 차에 타세요."

나는 작별 인사를 하고 시키는 대로 했다.

첫날은 두 눈을 뜨게 해 주는 놀라운 경험이었다. 그러나 사실

기분 좋은 날은 아니었다. 나는 내가 돌아올지 확신하지 못한 채 클리닉을 떠났다. 그다음 주 화요일, 나는 클리닉에 가지 않았고, 클리닉에서 오라고 전화를 했을 때, "아니요, 지금은 아니에요. 다음에 전화주세요."라고 말했다. 그리고 다음에도 같은 말을 했다. 내 마음속에서는 줄다리기가 진행되고 있었다. 내가 정말 자원봉사를 하고 싶었나? 재미없고, 편안하지도 않았고, 나를 혼란스럽게 했다. 불안한 상태에서 나는 정말 이 일에 전념하고 싶었을까?

그러나 결국 내 편안함 정도는 문제가 되지 않는다고 판단했다. 나는 박람회에서 질과 나눈 대화를 생각했다. 그리고 겁먹은 젊은 여성들 앞에 불쑥 나타나는 소름끼치는 그림 리퍼와 붉은 글씨의 '살인자들' 단어가 떠올랐다. 만약 낙태가 합법적이지 않고 할 수 없다면, 위기에 처한 여성들은 아마도 제대로 교육을 받지 않은 누군가에게 안전하지 않고 비위생적인 낙태 수술을 감수해야 할 것이다. 여성들은 죽을 수도 있다. 가족계획연맹은 이것을 막는 데 도움을 주고 있었다.

그리고 만약 여성들이 자신의 권리를 행하기로 결정한다면, 괴상한 군중들을 지나 걸을 수 있도록 돕는 친절한 목소리가 필요했다. 울타리에 있는 모든 사람이 마릴리사와 같다면, 동행하는 사람이 필요하지 않았을 것이다. 그러나 내가 보기에는 대부분의 생명 운동가들은 한심해 보이는 행동을 하고 있었다.

나는 무섭고 역겨운 사진들과 비난적이고 선동적인 팻말을 이용한 비열한 접근 방식에 찬성하지 않았다. 이런 것들이 어떻게 절망적인 여성들에게 도움을 주거나 호소할 수 있을까? 이러한 방법으로 생명 운동가들은 무엇을 이루려고 노력하는 걸까? 내가 낙태하던 날 이런 시위를 경험하지 않은 것에 감사했다.

결국 결정했다. '좋아! 나는 갈 거야. 한 번 더 해 볼래.'

그렇게 결정하자 내 사고방식이 바뀌었다. 그 시점부터 울타리 저편의 생명 운동가들, 현수막을 흔드는 사람들, 소리치는 사람들, 그림 리퍼는 적이 되었다. 나의 대의명분은 위기에 놓인 여성들을 돕는 것이다. 그리고 울타리 저편 사람들은 이 대의명분에 반대하는 사람들이었다. 그래서 나는 그들을 반대할 수밖에 없었다. 그러나 확신을 갖고, 무례하게 굴지 않고 소리치지 않을 것이다. 심지어 명백히 잘못 판단한 그들과 친해지려고 노력할 것이다. 그들을 적대할 이유가 없다고 생각했다. 하지만 나는 명확하고 직설적이고 단호할 것이다.

5장

연민이라는 유대

나는 로비 데이라는 행사에 참가하게 되었다. 이때 가족계획연맹과 낙태 지지 운동 단체들이 학생들, 직원들 그리고 지지자들을 모아 격년으로 텍사스의 주도인 오스틴의 텍사스 입법부에 몰려든다.

이 행사가 있기 몇 주 전부터 가족계획연맹은 클리닉 직원들과 텍사스 A&M 대학교 학생들에게 홍보하고 있었고 나는 들떠 있었다! 우리는 쌀쌀한 오전 6시에 클리닉에 모여 텍사스 주의 다른 사람들 수백 명이 모인 오스틴의 회의실로 가는 만원버스를 탔다. 우리는 같이 집회를 하고, 강연을 듣고, 주장의 논점들을 공부하고 우리 측 의원들을 만나기 위해 준비했다.

강연 이후에 우리는 팀을 나눠 의원 사무실로 갔다. 몇몇은 우리를 지지했고, 몇몇은 우리를 반대했다.

나는 여러 회의 동안 열정적으로 "낙태의 수를 줄일 수 있는 유일한 방법은 의도하지 않은 임신의 수를 줄이는 것입니다. 의도하지 않은 임신의 수를 줄이는 유일한 방법은 피임에 추가적인 지원을 제공하는 것입니다."라고 대변했다.

나는 우리 단체의 대의명분을 굳게 믿고 있었고 공공교육기관 시스템에 성교육과 피임을 제공하도록 주장했다. 나는 가족계획연맹의 일부가 된 것이 이토록 자랑스러웠던 적이 없었다. 나는 이 활동이 낙태 수행 건수를 줄인다고 믿었다.

이때가 브라이언 클리닉에서 자원봉사를 한 지 1년 반 정도 된 때였다. 동료 지지자들로 꽉 찬 버스를 타고 브라이언에 돌아갔을 때, 나는 다른 이들과 결코 이토록 연결된 적이 없었다는 사실을 알아차렸다. 이 끈끈한 연대는 계속 자라났다.

이즈음 나는 소속감을 필요로 하는 인생의 한 시점에 있었다. 같은 달에 나는 마크와 헤어졌고 이혼 서류를 제출했다. 그래서 그날 밤에 버스를 타고 집에 왔을 때, 나 자신보다 더 큰 것, 즉 다른 사람들의 삶에서 좋은 일을 한다고 믿는 것에서 위안을 얻었다.

낙태 수술을 하는 날이면 나는 고객들의 동행을 담당했다. 그때는 낙태 수술을 하는 날이 수요일로 변경됐고 그 이후에는 격주 토요일로 변경됐다. 하지만 이제는 거의 매일 사무실에 나가 돕거나 내가 필요한 곳이면 어디든지 갔다. 나는 클리닉에서 가치 있게 느껴졌고, 나를 필요로 한다고 느꼈다.

그러나 로비 데이 이후 몇 주 후, 큰 위기가 닥쳤다. 내가 두 번째로 임신했다는 사실을 알게 되었다. 혼란과 슬픔이 나를 압도했다. 나는 학교에 충실하지 못했고 결혼도 실패했고 이제 내가 했던 피임 방식도 실패했다고 느꼈다. 곧 전 남편이 될 사람은 자신의 일곱 살 난 아들의 양육권을 포기하려고 하고 있었고 나는 그가 아버지가 되는 것에 관심이 없다는 사실을 알았다. 나는 자급자족하는 싱글맘이 될 준비가 전혀 되어 있지 않았다. 그리고 이 남자와 더 이상 연결고리를 갖고 싶지 않았고 내가 그 사람의 아이를 낳을 경우, 나의 남은 일생이 그와 연결될 판이었다.

나는 임신에 대한 결정을 내리는 데 오랫동안 힘들게 고민하고 그 과정이 고통스러웠다고 적고 싶지만 그렇게 적는다면 거짓말일 것이다. 진실을 말하자면 그때 낙태는 내 인생에서 단순하고 보편적인 현실이었다. 나는 매주 수술하려는 여성들의 곁을 동행하고 있었고 몇 시간 후 그들이 문밖으로 나갈 때 그들의 안녕을 빌어 주었다. 나는 마크에게 내 임신 사실을 알리기도 전에 그들처럼 예약을 잡았다.

내가 처음 낙태하러 갔을 때와 달리 이번에는 많은 지식을 갖고 있었다. 우리 클리닉에서는 임신 기간을 확인하기 위해 항상 초음파를 먼저 진행하고 고객에게 태아 사진을 볼 수 있는 선택권을 제공했다. 대부분의 이들처럼, 나는 사진을 보는 것을 거부했다. 나는 임신 8주차로 약물 낙태(임신 9주까지 가능)가 가능했다. 알약과 낙태 수술 중에 선택하는 여성들을 보았던 나는 초기 낙태의 경우는 약물 낙태가 더 편해 보였다. 마취나 수술도 없는 단지 알약 몇 개 아닌가?

경험해 본 결과 이와 달랐다.

나는 낙태용 알약인 미페프렉스 한 알을 클리닉에서 삼켰다. 또한 항생제를 받았고 필요시 섭취할 수 있도록 진통제와 어지럼증 예방약 처방전을 가지고 집으로 왔다. 이제 미소프로스톨 알약을 24시간과 48시간 안에 섭취하면 자궁을 깨끗이 하는 절차는 끝날 것이다.

그 이후 며칠 동안 나는 혼자 아파트에서 극심한 고통을 겪었다. 원래대로라면 처음 여섯에서 여덟 시간 동안 태아가 사라지고 자궁 내벽에 있는 나머지는 48시간 동안 사라지는 것이었다. 하지만 그들이 '광고'한 것처럼 돌아가지 않았다. 물론 법은 "설명한 뒤 동의하라."라고 요구하기 때문에 나는 심한 통증, 출혈과 감염과 같은 합병 증세가 있을 수 있다는 것을 들은 바 있었다. 또한 이러한 부작용에 고통스러울 경우 클리닉에 전화를 걸고 내원하라는 지시 사항을 들었다. 또한 그 이후에도 한 차례 방문하라는 지시가 있었다. 하지만 나는 말을 매우 안 듣는 환자였다.

통증은 극심하고 몇 날 며칠 지속되었다. 나는 너무 아파서 침대에서 일어날 수 없었고, 열이 나고, 심하게 하혈했다. 무서웠지만 수치심, 창피함이 더해져 클리닉에 전화하지 않았다. 그렇다고 응급실이나 산부인과 의사에게 가면 두 번째 임신을 낙태해서 이 지경까지 왔다고 털어놓아야 한다는 것은 더욱더 견딜 수 없었다. 클리닉에서는 다음 예약을 잡기 위해서 나에게 계속 전화했지만 나는 받지 않았다. 나는 전화로 부모님에게 아무것도 언급하지 않았고 그렇게 홀로 고통을 받았다.

2주 후에야 나는 일에 복귀했다. 여전히 몸은 매우 약해서 집에 돌아와서는 바로 침대로 향해야 했다. 마침내 8주간의 아픈 증상이 지나고, 클리닉에 가서 자원봉사를 할 정도로 회복했다.

"애비, 어디 갔었어요? 무슨 일이에요? 괜찮아요? 얼마나 걱정했다고요! 왜 전화는 안 받았어요?"

"죄송해요. 전 괜찮아요. 일이랑 다른 게 너무 바빠서요. 걱정 끼쳐서 죄송해요."라고 말한 것이 전부였다.

그 이후 몇 달 동안 나는 그 사건을 머릿속에서 지우려고 애썼다. 나는 저스틴과 마지막으로 눈물의 작별 인사를 하고 마크와 2003년 12월에 이혼했다.

가족계획연맹은 이제 내 인생에서 더 큰 역할을 차지하고 있었고 나는 부모님에게 자원봉사 활동을 이야기하기로 결심했다. 처음 이 일을 언급했을 때, 나는 여성들을 위한 보건 클리닉인 가족계획연맹에서 일한다고 강조했다. 나는 당시에 부모님은 가족계획연맹이 무엇인지 잘 알지 못했다고 생각한다. 다행히도 엄마는 낙태 수술 여부를 물어보지 않았고 나 또한 언급하지 않았다. 그러나 시간이 흘러, 우리의 대화에서 그 주제가 언급되었고 나는 로비 데이를 대비해 배운 주장을 강조했다.

"엄마, 알잖아요. 가족계획연맹의 목표는 낙태 수를 줄이는 거예요. 그래서 원치 않는 임신을 예방하는 방법을 정말 강조해요."

어느 날 나는 오래된 친구와 대화를 나누다 가족계획연맹에서 내가 하는 일을 이야기했고 그 친구는 많이 언짢아했다. 다음 날 나는 전화로 엄마에게 이 일을 불평했다. 그러나 엄마도 내가 일하는 단체에 부정적이었다.

"그래. 애비 너는 낙태 수술을 하는 클리닉에서 일해. 사람들은 그걸 좋아하지 않아. 이 나라에 있는 일자리 중에서 가장 논란이 많은 곳이야. 네 계획이 그렇다면, 많은 사람들이 동의하지 않는다는 사실에 익숙해져야 할 거야. 네가 감당할 수 없는 거라면 다른 일자리를 찾아봐야 해."

엄마는 늘 이런 식으로 말한다. 나는 엄마의 반응을 구닥다리 생각 탓으로 돌렸다. 하지만 엄마는 우리 관계에 걸림돌이 되지 않도록 했다. 부모님 모두 내가 매일 전화하는 것을 반겼고, 나를 사랑했다. 이 점에서 부모님은 절대 흔들리지 않았다.

그 봄 내 인생에 또 다른 일이 일어났다. 3월에 내 친구 더그(길을 잃은 동물들을 모은다고 나를 놀리던 친구)와 나는 사귀기 시작했다. 더그와 나는 가르치는 것, 세계를 더 좋은 곳으로 만드는 것, 어려움에 처한 사람들을 돕는 것과 같은 많은 열정을 공유했다. 더그는 근처 샘 휴스턴 주립대에서 특수 교육 교사가 되기 위해 공부하고 있었다. 그는 또한 개신교 신자였는데, 그의 인생에서 신앙은 큰 부분을 차지하고 있었다. 나는 이러한 모든 이유로 그에게 끌렸지만, 특히 신앙을 기준으로 가치와 선택을 결정한다는 점을 우러러보았다. 나는 그의 신앙과 실천이 조화되는 삶에서 힘과 일관성을 감지할 수 있었다. 그것은 내 삶에서는 부족한 부분이었다. 그리고 그가 나를 판단하지 않고 받아들이고 아끼는 것을 느꼈고, 그 행동은 낙태의 진실을 포함해서 그와 이야기를 나누기에 충분하다고 느끼게 했다.

더그는 낙태를 지지하지 않았지만 나에게 충고하지 않았다. 대신에 그는 활발한 토론을 통해 나의 이성과 이론에 도전장을 내밀었다. 고백하건대 더그는 토론에서 물러나는 사람이 아니기에 이런 토론에 참여할 때 공격적으로 나왔다.

"더그, 진짜 이슈는 생존 능력이야. 나는 임신 후기 낙태에는 전혀 동의하지 않아. 그때 태아는 자궁 밖에서 생존할 수 있기 때문이야. 하지만 그 전에는 아직 미발달한 태아라서 스스로 생존할 수가 없어. 원치 않는 임신이라면 일찍 끝낼 수 있게 여성에게 안전한 대안을 제공하는 것이 더 낫지 않아?"

"애비, 어떻게 그런 생각을 할 수가 있어? 넌 똑똑해. 우리는 처음부터 아기에 대해서 이야기하고 있어. 2주이건 6주이건 12주이건 20주이건. 어떻게 8주에는 낙태를 해도 되고 16주에는 안 되는 거지? 의학이 발달할수록 생존 능력은 변화해. 과학이 발전함에 따라 인간이 무엇이고, 도덕적이거나 부도덕적인 것이 변한다고 말하는 거야?"

토론은 계속되었다. 나는 더 깊게 파고들고, 그는 다시 질문을 했지만 서로 경멸하는 일은 없었다. 대신 우리는 각자 서로를 위하고 존중한다고 느꼈다. 더그는 클리닉의 고객들을 생각하는 내 마음을 존경했다. 나는 그에게 낙태를 원하는 여성들뿐만 아니라 학대, 강간, 가난, 질병과 같은 모든 종류의 문제를 갖는 여성의 상황도 알려 줬다. 우리가 이 여성들을 도왔던 방법을 말해 주고, 그도 이러한 사실에 마음을 쓰고 있다는 사실을 나도 알았다.

나는 또한 생명 운동가들에 대해 이야기도 했다. 더그는 울타리에 나타나는 사람들의 이야기를 듣는 것을 좋아했다. 나는 그들의 터무니없는 행동과 빈정대고 시선을 끄는 행동에 대해 투덜거렸다. 하지만 몇몇 활동가들에 대한 이야기도 했다.

"더그, 내가 오로즈코 씨에 대해서 이야기했나?"

"누구?"

"충실한 생명 운동가 중 한 명. 진짜 착한 사람이야. 퇴직한 경찰이라는 사실을 오늘 알았어. 33년간 브라이언 경찰서에 있었대. 매주 수요일과 토요일 아침에 한 시간 동안 똑같은 곳에 서 있어. 마치 시계처럼 정확해. 한 번도 빠짐없이 나왔던 것 같아."

"어떻게 그렇게 잘 알아?"

"아, 가끔 수다를 떨어. 나를 볼 때마다 '안녕하세요, 애비, 오늘 기분은 어때요? 좋은 하루 보내세요.' 이렇게 말해. 정말 친절하지. 우리 고객들을 결코 성가시게 하지 않고 그냥 그 자리에서 모두에게 인사를 해. 오늘은 더워서 햇빛을 막기 위해 양산을 쓰고 있었어. 그리고 마치 오래된 친구에게 인사하듯이 나한테 손을 흔들고 인사했지. 날씨에 상관없이 늘 있으면서, 할 수 있는 한 가장 친절하게 행동하지. 네가 좋아할 거야."

"벌써 그 사람 좋아졌어." 더그가 대답했다. "충실한 사람 같아. 그러고 보니 최근에 마릴리사에 대해서는 이야기를 하지 않네. 아직 거기 있어?"

"응, 그럼. 며칠 전에 있었지. 새 자원봉사자 교육 중이더라고. 손이랑 둘에서 울타리 밖의 상황을 안정시켰더라고. 알지, 그때 내가 말했던 끔찍한 낙태 태아 사진 확대한 여성 말이야."

"응."

"손이 지난주에 그 여성을 데려가서 대화를 하더라고. 그리고 그녀가 떠나더라. 그 이후에 한 번도 보지 못했어."

"진짜? 계속 왔던 사람 아니었어? 무슨 일이었을까?"

"생명운동연합 사람들이 울타리 밖 분위기를 바꾸려고 노력하는 것 같아. 문제를 일으키는 사람들을 진정시키는 것 말이야. 효과가 있는 것 같기도 해. 손과 마릴리사가 봉사자들에게 하는 친근한 대화 방법으로 교육시키는 것 같아. 많이 변했어. 생각해 보니 한동안 그림 리퍼도 못 봤네."

"애비, 마릴리사와 오로즈코 씨 같은 사람들을 생각하면, 네가 생각보다 생명운동연합 사람들과 많은 공통점을 갖고 있을지도 모른다는 생각이 든 적 있어?"

"응, 맞아. 우리는 한 가지 공통점이 있어. 울타리야. 하지만 난 그 반대편에 있어. 기억하지?"

결국 우리는 울타리에서 얼굴을 마주하고 있다고 생각했다. 하지만 마릴리사가 고객들에게 말하는 것을 볼 때마다, 나와 그녀는 클리닉에 오는 여성들에게 연민이라는 유대감을 공유한다고 종종 생각했다.

6장

사십 일 밤낮

데이비드, 숀 그리고 마릴리사의 많은 노력과 뒤에서 일하는 다른 생명운동연합 지지자들의 노력 덕분에 울타리에는 변화가 생겼다. 나는 울타리에서 무슨 일이 일어났는지 봤다.

"애비, 어제 저희 집에 누가 왔었는지 알아요?" 어느 날 클리닉의 한 자원봉사자가 물었다.

"누가 왔었나요?"

"숀 카니요."

"정말요? 아니 그 사람은 왜 왔어요?"

"진짜로 이상했어요. 제가 문을 열었을 때 서로를 알아봤어요. '저는 당신이 누군지 알아요.'라고 그에게 말했고 그도 저를 알아봤어요. 그리고 그는 '우리는 간단한 캠페인을 하고 있어요. 낙태가 사라지기를 기도해 달라고 부탁하고 있어요.'라고 말했어요."

"그 사람이 갑자기 와서 문을 두드리고 기도해 달라고 부탁했다고요? 그게 다예요? 뭐라고 했어요?"

"저는 '할 수 있어요.'라고 말했고, 그는 저에게 감사하다고 말하고 다음 집으로 갔어요. 제 이웃 중에 어느 분이 그가 동네 집집마다 가는 것 같다고 했어요."

나는 나중에 생명운동연합 사람들이 2만 5천 가구 사람들에게 기도를 요청하러 다닌다는 것을 알게 되었다. 나는 감명을 받았다. 사실, 그날 밤 잠자리에 들면서 내 스스로도 기도를 해야 한다고 생각하고 있었다. 그러나 나는 갈등하고 있었다. 사실 낙태가 사라지기를 기도하는 것이 행복해야 한다. 낙태 건수를 줄이고 싶었으니까. 그러나 다른 한편으로, 낙태가 끝나기를 원치 않았다. 낙태가 필요하다고 느끼는 여성들이 계속 낙태를 할 수 있기를 원했기 때문이다.

며칠 후, 9월 1일 생명운동연합은 '생명 수호를 위한 40일 캠페인'을 처음으로 시작했다. 40일 동안 밤낮으로 생명운동연합은 울타리에 봉사자를 배치했다. 클리닉 내에서, 우리는 그들이 얼마나 잘 조직되어 있는지 보고 토론했다. 분명히 우리가 낙태하는 날에 봤던 것과 같은 오합지졸 집단이 아니었다. 그들은 서로 협력하는 모습을 보여 주었다. 그들의 숫자도 증가했다! 그들은 교대 근무를 했고, 마치 시계처럼 새로운 사람들이 서 있던 사람들을 위해 왔다.

많은 사람들은 단순히 그들의 시간 동안 서서 기도했다. 어떤 사람들은 울타리로 다가갔지만, 고객들을 대할 때, 그들은 비난이나 불쾌한 조짐 없이 평화로운 기도의 힘으로 울타리 밖으로 나와 대화하자고 인쇄물을 주거나 권유했다. 그리고 일관되게 우리 클리닉 직원들에게 환영과 친절의 말을 건넸다.

언론사의 제작진까지 모습을 드러내자 우리는 매우 걱정스러웠다. 가족계획연맹 클리닉에 오는 여성들은 그들의 사진이 뉴스에 나오는 것을 원하지 않는다. 낙태 수술뿐 아니라 산부인과 진료, 피임, 그리고 정기 검사를 받으러 오는 여성들도 있다. 이 모든 것은 아주 사적인 일이다.

우리 클리닉과 휴스턴 본사에 있는 일부 직원들은 캠페인에 대한 불만을 분명히 표출했다. 그러나 한편으로, 이 일은 가족계획연맹이 공개적으로 자리를 잡을 수 있는 새로운 기회가 되었다. "낙태 반대 시위자들이 우리 클리닉의 자원봉사자들과 고객들을 괴롭히기 위해 모인다." 같은 문구들을 사용하면서, 평소에 가족계획연맹이 마치 포위 공격을 당한 것처럼 말했다. 경찰이 몇 번 클리닉에 왔고, 경찰들은 직원들과 자원봉사자들을 '보호'하기 위해 자신들이 필요하다고 나에게 말했다.

캠페인이 계속되면서 나는 캠페인에 대한 복잡한 감정을 이해하려고 노력했다. 하느님을 믿는 사람으로서, 어떻게 사람들이 기도하는 것을 못마땅해할 수 있을까? 나는 기도하는 것을 기쁘게 받아들여야 한다고 내 자신에게 말했다. 많은 생명 운동가들은 내가 출퇴근을 할 때 "오늘은 당신을 위해 기도하고 있어요.", "평화가 가득한 하루가 되길 바랄게요." 같은 말을 했다.

반면에 그러한 기도가 나를 화나게 하기도 했다. 분명히 하느님은 우리 편이 아니라 그들의 편이었다. 나는 불편함에 시달리는 것과 그들의 오만함으로 짜증나는 것 사이에서 마음이 흔들렸다. 나는 스스로를 낙태 지지 그리스도인으로 생각하고 나와 같은 생각을 하는 다른 많은 사람들을 알고 있었다. 나는 도움이 필요한 사람들을 돕고, 삶을 구하고 개선한다고 믿었다.

10월 10일 생명 수호를 위한 40일 캠페인이 마침내 끝났을 때, 클리닉에 있던 우리 모두는 안도했다. 그러나 나의 역설적인 마음은 사라지지 않았다.

생명 수호를 위한 40일 캠페인이 벌어지고 6개월 동안, 내 인생에서 매우 흥미로운 일이 세 가지 일어났다. 먼저, 더그가 청혼했고 나는 수락했다. 같은 달, 나는 클리닉에서 시간제 보조원으로 일하면 어떻겠냐는 제안을 받았다. 고객들과 직접 대면을 하고 임신 사실을 막 알게 된 여성들을 상담하는 일이었다. 4주 뒤에 나는 텍사스 A&M 대학교에서 심리학 학사 학위를 받고 졸업했고, 클리닉에서 정규직으로 일하게 되었다.

무척 기뻤다! 나는 심리학과 상담을 공부하고 훈련받았고, 지금 그 일을 하고 있다! 나는 이 일이 내가 태어날 때부터 해야 할 일이라고 확신했다. 나는 일주일에 40시간 동안 고객과 대면했다. 절차와 선택권을 설명하고, 위로하고, 조언했다. 여성의 삶에서 내가 만들고 있는 차이를 알 수 있었고, 그 차이를 하느님의 축복의 증거로 받아들였다.

어느 날 나는 퇴근 후 엄마에게 전화했다. "엄마, 이번 주에 있었던 일을 믿지 못할 거예요!" 나는 항상 엄마에게 클리닉에 대해서 긍정적으로 말하고 싶었다. "한 여성이 아픈 곳이 많다고 호소하며 들어왔어요. 검사 결과 심각한 자궁암을 발견했고 응급 자궁 절제술을 받으러 응급실로 데려갔어요." 나는 우리 클리닉이 이 여성의 생명을 위해 싸울 때 하느님의 손길이 미쳤다는 느낌에 사로잡혔다. 나는 그녀의 편에 서서 위로와 실질적인 도움을 주는 특권을 느꼈다. 그리고 이 상황이 우리 클리닉의 존재와 클리닉에서의 나의 역할을 정당화한다고 스스로에게 말했다.

한편 더그와 나는 약혼을 하면서 주일을 지키기로 결정했다. 나는 대학을 위해 집을 떠난 이후로 주일을 지키지 않았던 터였고 생명운동연합의 생명 수호를 위한 40일 캠페인 이후 하느님과 더 깊이 관계 맺기를 열망했다. 우리는 교회 몇 개를 방문해 보고는 둘 다 좋아하는 교회를 발견했다. 그 교회의 예배는 현대적이고 보수적인 가정 교육을 받은 우리에게 새로웠고, 특히 설교가 마음에 들었다. 나는 다시 교회를 다니게 되어 기뻤다. 그러나 여전히 하느님이 멀게만 느껴졌다. 나는 기도하려고 노력했지만 종종 집중하지 못했다. 가끔은 그분이 내가 하는 일을 포기하라고 말씀하실까 봐 기도하는 것이 두려웠다. 나는 내 일을 포기하고 싶지 않았다.

그런 마음이 들자 나는 일요일 아침마다 하느님과 만나는 사람들에게 둘러싸여 버려진 상태로 무시당하는 것처럼 느껴졌다. 그러나 나는 다른 그리스도인들 사이에 속하기를 간절히 원했다. 나는 내가 일하는 장소에 대한 대화를 피하려고 조심했다. 그러나 그 문제를 완전히 피하는 것은 불가능했다. 결국 소문이 돌았다.

몇 달 동안 이 교회를 다닌 후, 우리는 이 교회의 일원이 되기로 결심했다. 우리는 직원 중 한 명에게 말했고, 그다음 주 예배가 끝난 후에 그가 우리에게 왔다. 반갑게 인사를 하려고 했을 때 그가 어색하고 불편해하고 있음을 느낄 수 있었다.

"목사님과 대화를 해 봤는데요, 목사님은 당신이 이 교회에 오는 것은 매우 환영하지만, 교회의 일원이 될 수 없을 것 같다고 하십니다."

"아니, 왜 안 되죠?"

"당신은 가족계획연맹에서 일하고 있습니다. 우리는 생명 수호를 지지하는 교회입니다. 우리는 인간 생명의 존엄성을 믿습니다."

머리를 얻어맞은 기분이었다. "제가 예수님을 구세주로 믿어도 제가 일하는 곳 때문에 이 교회의 일원이 될 수 없다는 말씀이신가요?"

"애비, 당신은 낙태 클리닉에서 일하고 있습니다." 나는 그가 방금 한 말을 이해하려고 애쓰면서 망연자실하며 그 자리에 서 있었다.

"정말 죄송합니다." 직원이 말했다. "우리는 여전히 당신이 교회의 일원이 되었으면 합니다."

나는 항의하고 싶었지만 내가 할 수 있는 일은 눈물을 참는 것이었다. 나의 괴로움을 감지한 더그는 내 손을 잡고 밖으로 나갔다. 우리는 그 교회에 가는 것을 좋아했지만, 그 이후로는 갈 수 없었다.

그 교회가 생명 수호 입장이었음을 깨닫는 동안, 거절당한 고통은 깊어졌다. 위기에 처한 여성들을 위해 옳은 일을 하고 있다고 믿었기에 클리닉에서 일한다는 이유로 교회의 일원이 되는 것을 거부당할 것이라는 생각은 한 번도 해 본 적이 없었기 때문이다.

더그와 나는 이 상황을 상세히 논의했고 다른 교회를 방문하기로 결정했다. 매주 나는 하느님과 교감을 나누기를 기대했고, 그분의 존재에 대한 깊은 의식을 희망했다. 그러나 첫 번째 교회에서 거절당한 쓰라림은 여전했다. 상처와 떨림은 점점 심해지며 계속되었다. 하느님이 화가 나신 걸까? 종종 기도를 할 때, 나는 하느님께 내 마음을 말씀드리기를 두려워했다. 나는 무언의 두려움과 씨름하기 시작했다.

2005년 중반부터 2006년 중반까지, 번개처럼 빠른 속도로 인생이 흘러갔다. 더그와 나는 결혼했다. 나는 브라이언에서 1시간 정도 떨어진 헌츠빌에 있는 대학원에 진학할 예정이었고, 시간제 의료 보조원으로 헌츠빌 가족계획연맹 클리닉에 전근을 가게 되었다. 우리는 헌츠빌에 집을 찾아 정착하여 낮에는 일하고 밤에는 학교에 다녔다. 마치 꿈을 이루듯이 마법 같은 시간처럼 느껴졌다. 나는 학교에서 동기 부여를 크게 받았으며, 가족계획연맹에서 더 높은 곳에 오르는 꿈을 꿨다.

헌츠빌에서 더그와 나는 도전적이고 영감을 주는 설교를 하는 교회를 발견했다. 일과 학교 때문에 시간이 없어서 일요일 아침 외에는 참여하지 않았지만, 우리는 교회의 일원이 되는 것을 즐겼다. 여전히 내가 원했던 것보다 하느님에게서 더 멀리 떨어져 있다는 느낌은 들었지만, 이전의 교회에서 받은 거절의 고통이 치유되고 있었다.

학교와 일에 몰두하던 중, 내가 임신한 사실을 알게 되었다. 피임을 하는 중에 세 번째로 임신했다는 사실을 믿을 수 없었다. 임신 사실을 확인한 그날의 기억은 임신이 가장 기쁜 상황이 아님을 확인하게 해 주었다. 임신한 것 같아서 직장에서 임신 테스트를 했고, 그 소식을 굳이 숨기지 않았다. 테스트 결과 양성 반응이 나오자 동료들이 놀리기 시작했다. 한 동료가 "당신이 바라던 결과가 아니라면 우리가 쉽게 처리할 수 있어요."라고 농담을 했다. 나는 그 농담이 그다지 마음에 들지 않았다. 사실, 정곡을 찌르는 말이었고 내 마음속 깊이 숨겨진 비밀 상자를 흔들어 놓았다.

그러나 더그는 내 임신 소식에 기뻐 어찌할 줄 몰랐다. 그리고 포옹과 눈물, 웃음, 큰 기쁨으로 부모님과 임신에 대한 소식을 나눈 것은 내 인생에서 행복한 기억 중 하나다.

처음 태아 검진을 하러 의사에게 간 날은 신났다. 그런데 서류를 작성할 때, 임신 횟수를 묻는 질문이 나왔다. 나는 수치스러워서 첫 임신이라고 거짓말을 하고 싶었다. 그리고 그렇게 수치스러워하는 모습에서 죄책감을 느꼈다. 결국, 나는 서류에 낙태 경험을 적었다. 의료 차트에 솔직하게 낙태 경험을 적은 것은 처음이었다.

임신 5개월이던 2006년 7월, 셰릴에게서 연락이 왔다. 브라이언 클리닉에서 중요한 승진 자리가 생겼다는 것이다. 바로 대외 홍보와 보건 교육 담당이었다. 나는 조직 내에서 경력을 쌓는 새로운 도전이 좋았기에 그냥 지나칠 수 없었다. 그래서 그 일을 수락했고 우리는 다시 브라이언으로 이사했다. 나는 새로운 역할을 내가 일했던 클리닉에서 수행하게 되었다. 나는 그곳에서 리더가 될 것이다. 나는 명성을 날리고 싶었다.

∞∞ 7장 ∞∞

행동 규칙

내가 브라이언 클리닉에 돌아왔을 때, 울타리의 대치 상태는 내가 클리닉에서 일하기 시작한 이래 가장 평화로워 보였다.

봉사 초창기와 달리 이제 울타리에서는 기도하고 평화로운 모습을 보였다. 지속적인 노력 끝에 생명운동연합은 생명 운동가들이 울타리에 올 때 지켜야 하는 행동 규칙을 만들었다. 가끔 예외적인 경우를 제외하고는 모두가 이 규칙을 준수했다. 나는 생명운동연합이 이루어 낸 업적을 높이 샀으며 데이비드, 숀과 마릴리사가 이 노력을 이끌었다는 사실을 알았다. 그래서 그들을 존중하게 되었다. 여전히 그들의 사상이 잘못되었다고 생각했지만 그들의 좋은 의도는 존중했다.

내가 클리닉에 다시 돌아왔을 때 임신 6개월 차였다. "애비, 임신했군요!" 복직하고 처음 다시 마릴리사와 만났을 때 그녀가 외쳤다. "예정일이 언제인가요?" 마릴리사를 봤을 때, 심장이 쿵 하고 내려앉았다. 자원봉사를 하던 첫날 마릴리사는 친구가 되어 주었다. 그녀가 보여 준 친절과 관심은 처음부터 진심이라고 믿었고, 그 이후 내가 경험했던 모든 것은 나의 직감이 맞음을 보여 주었다.

"오, 마릴리사, 얼굴 보니 좋네요." 나는 문이 활짝 열린 주차장에 그녀를 만나러 갔다. "11월에 출산해요. 추수감사절 즈음이에요."

"와, 대단한 추수감사절을 보내겠네요! 아이보다 더 큰 선물은 없어요." 다른 사람이 말했다면 빈정거림으로 들렸겠지만, 마릴리사가 엄마가 되면서 느낀 기쁨에서 나온 표현임을 명백하게 알 수 있었다.

"크리스마스 즈음 여자 아이를 낳았다고 알고 있는데, 아기는 잘 있어요?"

"완벽해요! 숀이 아이랑 있는 걸 봐야 할 텐데 말이죠. 이미 숀은 딸바보예요. 딸을 안고 있을 때 빛이 나요. 마치 어둠 속에서 빛나는 야광 같다니까요!"

"그럴 것 같네요. 그러고 보니 이제 숀이 생명운동연합 대표군요. 일은 어때요? 그림 리퍼에 대한 소식은 없나요?" 나는 놀리듯이 물었다.

마릴리사는 얼굴을 찌푸렸다. "네, 고맙게도 사람들이 대부분 협조적이에요. 간혹 신입들이 와서 코칭이 필요할 때도 있어요. 짐이라는 사람이 있었어요. 그 사람의 의도는 좋았지만 방법이 나빴지요. 양쪽 모두를 긴장하게 만들었어요. 몇 차례 경찰도 개입했어요. 그 사람이랑 대화를 하려 했는데 통제하지를 못하겠더라고요."

마릴리사는 머리를 절레절레 흔들었다.

나는 셰릴이 짐에 대해서 잔뜩 퍼부을 것이라고 생각했다. 내 예상은 적중했다. 셰릴은 특히 몇몇 생명 운동가들이 젊은 고객들의 사진을 찍어 부모에게 보낸다는 사실에 짜증났다고 말했다. 부모 중 몇 사람은 클리닉에 전화를 걸어 딸들이 이 클리닉에서 무얼 했는지를 물어보고 고소한다고 협박했다.

내가 셰릴에게 생명운동연합이 사용하는 방법 같지 않다고 말하자, 나를 너무 순진하다고 여기는 듯했다. 그녀는 생명 운동가들의 시위 방법이 가열되고 있다고 말했다. 이후에 셰릴은 클리닉의 진입로, 주차장, 울타리와 인도를 360도 볼 수 있도록 새로 설치한 카메라를 보여 줬다.

나는 울타리의 모습은 더욱 평화로워졌지만, 클리닉 측의 피해망상이 심해지고 있다는 것에 의아했다.

그럼에도 나는 브라이언 클리닉에 돌아온 것이 진심 기뻤다. 나는 열정을 가지고 새로운 역할에 몰두했다. 클리닉에서 더 큰 주인의식을 느꼈다. 그러는 동안 나와 더그는 아이의 탄생을 준비하고 있었다. 몇 달이 순식간에 흘러갔다.

2006년 11월 16일 나는 건강한 여자아이를 출산했다. 이름은

'그레이스'라고 지었다. 극도로 난산이었는데 이로 인해 몇 가지 심각한 합병증이 발생했다. 며칠 동안 등을 붙이고 누워 있어야 했고 모유 수유를 하거나 유축하는 것도 불가능했다. 나는 모유 수유를 통한 유대감을 기대했기에 매우 실망했다. 내가 꼼짝없이 누워서 무력한 그때 남편, 가족, 그리고 간호사들이 아기를 돌봐 주었다. 상실감과 실패감에 사로잡혀 기쁨보다는 슬픔과 혼란스러움으로 가득 찼다. 모두가 이 감정이 지나갈 것이라고 했지만 그레이스를 클리닉에서 집으로 데려갈 때에도 내 마음속에는 먹구름이 끼어 있었다.

나는 우울증을 경험하면서 고객들과 직접적으로 일하는 것을 얼마나 사랑하는지를 상기했다. 나는 위기에 놓인 여성들을 위해 일하는 것을 그리워하고 있었다. 셰릴이 이 점을 알았던 모양이다. 그녀는 계열사의 지역 의료 서비스 대표로 승진했고 나를 클리닉의 대표 자리에 추천했다. 셰릴이 내가 그 업무를 수행하기에 적합하다고 느꼈다는 점이 큰 힘이 되었다. 나는 도약하기로 결정했다.

"엄마, 있잖아요, 드디어 셰릴이 클리닉 대표직에 지원하라고 권했어요."

"애비, 대표는' 클리닉에서 하는 낙태를 실제로 책임져야 하는 자리라는 사실 알지? 여성들이 하는 선택을 상담할 때랑 다르다는 사실도 알지?"

나는 혼란스러웠다. 일부는 엄마 때문이었고 대부분은 이러한 대화로 끌려들어 간 나 자신 때문이었다. 나는 엄마가 어떻게 응답하기를 기대했던 걸까?

"엄마, 저는 대표로서 낙태 건수를 더 줄이는 데 기여할 수 있어요. 계열사 중에 우리 클리닉을 최고로 만들 수 있고, 우리가 제공하는 교육 서비스도 넓히고, 입양 서비스와 연계도 더 긴밀하게 만들어 가고, 더 많은 고객들에게 피임을 알려 원치 않는 임신 수를 줄일 수 있어요. 변화를 이끌어 낼 수 있는 좋은 기회예요."

엄마는 내 말에 설득당한 것 같지 않았다. "애비, 내가 뭐라고 말하길 바라니? 사람들이 네가 하는 일을 좋아하지 않을 때 얼마나 기분이 나쁜지를 나에게 말해 주잖아. 교회 사람들한테 너의 직업을 말하는 것조차 두려워하고 있지. 하지만 많은 사람들은 낙태를 싫어해. 나도 낙태를 싫어해. 네 능력과 성과는 자랑스럽게 생각하지만, 네가 선택한 직업을 좋아하는 척할 수는 없구나."

그날 저녁 늦게, 나는 더그에게 새로운 생각을 이야기했다. "내가 클리닉에서 일하지 않는 게 맞다면, 승진하지 않게 해 달라고 기도할 거야."

더그는 생각에 잠긴 듯했다. "그런데 이미 지원했지?"

"응."

"그럼 이미 행동으로 옮긴 것을 막으면서 하느님의 의지를 보여 달라는 거야?"

"뭐, 하느님은 어떤 일이든 하실 수 있으니까. 내가 그렇게 기도했는데도 그 직책을 얻게 되면, 클리닉을 운영하는 것이 그분의 뜻임을 알게 될 거야."

더그는 우리 엄마만큼이나 설득당한 것처럼 보이지 않았다. 하지만 나는 이 계획이 말이 된다고 생각했다. '나는 그분이 내가 여기서 벗어나길 원하는지 보여 주시기를 바라고 있어.'

나는 그날 밤 늦게 기도했다. "사랑하는 주님, 제가 가족계획연맹에서 일하는 것을 원치 않으시면, 승진하지 않게 해 주세요. 아멘."

다음 날 나는 승진했다.

8장

나의 적, 나의 친구

브라이언 클리닉 대표로서 준비된 내 모습에 나 스스로 놀랐다. 하고 싶은 일이 정말 많아서 하루라도 허비하고 싶지 않았다. 첫 번째 큰 변화는 생명운동연합과 긍정적이고 협력적인 관계를 구축하는 것이었다.

"클리닉에서 서약을 했어." 대표로서 보낸 첫날 나는 더그에게 말했다.

"서약? 무슨 서약?"

"누군가가 폭력적인 행동을 하거나 불을 피우거나 실제로 재산을 훼손하지 않는 한, 생명운동연합 때문에 경찰을 부르지 않겠다고 맹세했어. 경찰을 부르는 일이 생긴다면 어차피 생명운동연합 사람이 아닐 거야. 연합이 통제할 수 없는 어떤 말썽쟁이겠지."

더그는 미소를 지었다. "그건 큰 변화가 될 거야. 내가 보기에 클리닉에서는 항상 사소한 일에도 경찰에 신고한 것 같아. 클리닉에서 전화하면 경찰이 싫어할 거야."

"당신 말이 맞아. 난 진짜 범죄가 발생할 때만 경찰을 부를 거야. 생명운동연합에 문제가 생기면 숀에게 전화를 걸어 의논하겠어." 나는 더그에게 연합과 클리닉 사이에 강한 관계를 구축하고 적대적인 불신을 없애고 싶다고 말했다. 연합은 낙태를 없앤다고 믿었다. 우리는 원치 않는 임신을 줄이고 여성의 생식권을 보호한다고 믿었다. 그리고 나는 오랫동안 울타리에서 그들을 지켜봤다. 우리가 그랬듯이 그들도 여성들을 신경 쓴다고 확신했다.

"가끔 우리는 차이점보다 더 많은 공통점을 가지고 있다고 생각했어." 나는 더그에게 말했다. "다만 우리의 차이가 음…… 너무 달라서 그래!" 나는 강력하게 의사 표시를 했다.

"좋아, 애비. 당신은 가서 생명 운동가와 낙태 지지자 전쟁터를 바꿔 봐. 나는 학생들을 가르칠 테니까." 그는 나에게 작별 키스를 하고 떠났다. 나는 그레이스의 새 보모와 몇 가지 세부 사항을 검토했고 딸을 몇 분 더 껴안고는 출근했다.

나의 새로운 접근법을 실행하기까지 그리 오래 걸리지 않았다. 그 주에 직원 한 명이 와서 "애비, 밖에 있는 카메라 때문에 불편해하는 고객이 있어요."라고 말했다.

"우리 카메라 아니면 생명운동연합 카메라인가요?"

"생명운동연합 카메라예요. 고객이 자신이 여기 온 걸 찍어서 누구에게 보여 줄 계획이냐고 물었어요."

"알았어요. 내가 생명운동연합에 가서 이야기해 볼게요."

우리는 울타리를 따라 카메라를 설치했다. 생명운동연합은 얼마 동안 매일 유인 카메라와 삼각대를 설치했다. 내가 알기로는 클리닉 직원과 생명 운동가 사이에 오래전부터 소송이 있었고, 그 이후로도 카메라는 그곳에 있었다. 예전에 한 생명 운동가가 카메라를 들고 지나치게 공격적으로 움직이거나, 우리가 걸을 때 너무 가깝게 따라오거나, 우리 얼굴에 카메라를 갖다 댄 적이 있었다. 숀을 포함한 생명운동연합 자원봉사자들은 그런 스타일이 아니기 때문에 그런 행동을 막는 것을 본 적이 있지만, 몇몇 열혈 지지자들은 가끔 잘못된 행동을 했다. 오늘은 그런 것은 아니었다.

생명 운동가들의 카메라는 우리 차도 옆 삼각대에 놓여 있었다.

사실 경찰이 개입하지 않은 상태에서 나의 새로운 면모를 시험할 기회를 갖게 되어 기뻤다.

창밖을 내다보니 숀이 보였다. '내가 정면으로 부딪쳐 봐야겠어.' 나는 밖으로 나가서 울타리 옆에 서 있는 숀에게 걸어갔다.

"숀, 우리 고객들 중 몇몇은 당신들의 카메라가 위협적이라고 생각해요. 보이지 않는 곳으로 옮길 수는 없을까요?"

그는 공감하는 것 같았다. "이해해요. 하지만 안타깝게도 카메라가 필요해요. 단지 우리를 보호하기 위해서만이 아니라 당신들에게도 필요해요. 무슨 일이 생기면 사진 기록을 남길 수 있으니까요."

나는 고개를 저었다. "숀, 우리를 보호할 필요가 없어요. 우리 카메라가 있어요. 카메라를 차도 반대쪽으로 조금 더 옮길 수 있을까요? 어쩌면 우리의 고객들이 자신의 신원이 노출되는 것을 두려워하지 않을 수도 있어요. 하지만 대부분은 두려워하고 있어요. 누군가 자신의 신분을 밝히기 위한 목적으로 촬영하는 것을 걱정하고 있어요."

그는 고개를 저었다. "그럴 수 없어요. 우리는 여기서 실제로 일어나는 일을 알아야 해요. 혹시라도 의문점이 생기면, 그게 무엇인지 분명히 해야 해요."

"많은 고객들이 이곳에 오기로 결정하는 것은 사적이고 상처받기 쉬운 일이에요. 부모님이나 남편, 남자친구, 동료나 친구들이 임신한 사실을 전혀 모르거나 의사의 진료나 피임약이 필요한 사람도 있어요. 그런 그들이 가장 걱정하는 것은 우리 클리닉으로 걸어 들어가는 모습을 찍은 비디오를 누가 볼까 하는 것이에요."

이쯤 되니 인내심이 바닥을 드러내고 있었다. 나는 타협점을 찾고, 그들과 함께 일하고, 긍정적이고 화해 분위기를 유지하기 위해 열심히 노력했지만, 숀은 그렇지 않은 것 같았다.

아무 성과를 얻지 못한 것이 확실해지자, 나는 다시 클리닉으로 돌아섰다. 그러나 돌아서서 한두 걸음 걸었을 때, 그에게 말했다. "알고 있겠지만!" 그는 마치 내가 심술을 부릴까 봐 겁먹은 표정이었다. 하지만 나는 그가 우리의 관점을 이해해야 한다고 생각했다. "평소 우리 같은 사람들은 여성의 권리와 인권을 옹호해 왔어요. 1800년대에는 해방 운동이, 1900년대 초반에는 참정권 운동이 그런 것 아니었을까요? 제2차 세계 대전에서 사람들은 유대인들을 지지하려고 노력했어요. 그리고 참정권 운동으로 자신들의 투표권을 옹호했던 것처럼 여성의 생식권을 옹호하는 우리 같은 사람들이 있어요."

그는 정중하게 듣고 나서 말했다. "애비, 당신의 일을 제게 정당화할 필요는 없어요."

"저는 정당화하는 것이 아니라 그냥 설명하고 싶어요."

"당신이 지금 하는 일을 설명할 필요는 없어요. 당신은 노예와 유대인, 두 가지 불평등의 사례를 예로 들었어요. 그 사례는 우리 인구 전체가 인간성이 상실되었기에 존재할 수 있었어요. 이를 받아들인 사회는 불의가 계속되도록 했어요. 그리고 그것이 바로 가족계획연맹이 태어나지 않은 아기에게 하는 행동이에요."

나는 말문이 막혔다. 신중한 답변을 할 수 없었던 것이 아니었다. 그러나 그의 말에는 간단하고 직설적인 논리가 있었다. 나는 그의 말을 잊기 위해 잠시 눈길을 돌렸다.

그런 다음 나는 그를 다시 보았다. 그는 내가 곧 그를 공격할 것이라고 생각하는 모양이었다. 하지만 나는 "당신은 절 바꿀 수 없을 거예요."라고 말하고는 돌아서서 다시 클리닉으로 돌아갔다.

생명운동연합과 새로운 시작은 생각했던 대로 되지 않았다.

대표로서 첫 몇 주 동안 나는 새로운 모범 사례를 만들고 싶었다. 첫 번째 이유는 우리가 여기서 일하는 이유가 고객을 돕기 위한 것임을 직원들에게 강조하기 위해서였다. 예를 들어, 오후 4시 30분까지 진료한다고 알렸으면 우리가 오후 6시까지 일을 할지라도 오후 4시 30분까지 문을 열고 있어야 한다고 상기시켰다. 또한 아주 조용한 날에는 아파트 단지, 빨래방, 텍사스 A&M 대학교 캠퍼스에 전단지를 붙이기 위해 직원들을 내보내 우리의 무료 연례 검사, 자궁 경부 검사, 피임 정보를 제공하려고 했다.

"원치 않는 임신을 줄입시다." 나는 직원들에게 상기시키고 싶었다. "고객이 어떤 진료를 받으러 오든, 반드시 피임법을 물어봐야 해요. 우리는 그 방법을 지지하는 사람이 되어야 해요." 직원들에게 원치 않는 임신을 줄임으로써 낙태 수를 줄여야 한다고 강조했고, 이는 고객들에게 적극적으로 피임을 지지하는 것을 의미했다.

또한 나에게 매우 중요한 것은 수술의 의료적 위험, 특히 약물 낙태의 사전 동의였다. 나는 이 점이 특히 화났다. 내가 직접 겪은 끔찍한 경험을 기억하면서, 직원들에게 고객들과 상담할 때, 특히 임신 6~7주 고객들에게 약물 낙태의 심각한 부작용을 분명히 알고 있는지 확인해 줄 것을 강력히 권고했다.

나는 직원들에게 만약 고객이 낙태를 고집한다면, 낙태는 나쁘다고 알려야 한다고 말했다. 어떤 예상 밖의 고객도 원하지 않았다. 임신 7주를 지난 고객이 있으면, 수술을 하지 말라고 부탁했다. 그 시기를 지나면, 너무나 많은 시도가 실패했다. 마지막으로, 자궁에 아무것도 없는지 확인할 수 있도록 여성들이 의무적으로 4~14일 동안 후속 조치와 초음파 검사를 위해 오기로 동의했는지 확인하라고 말했다. 그들이 돌아오지 않아도 포기하지 말고 계속 전화해야 한다고 말했다.

한편 '경찰에 절대 전화하지 말라'는 나의 새로운 방침으로, 몇몇 사람들을 제외하고는 클리닉 직원들과 생명운동연합 사이의 긴장감은 계속 감소하는 것 같았다.

울타리에 있는 사람들 중 엘리자베스는 친절한 사람으로 끈질기게 나와 친구가 되려고 애썼다. 생명운동연합은 친절과 우정을 통해 그들의 편에 설 수 있기를 희망하는 사람으로 나를 정했다는 것을 깨달았다. 나는 신경 쓰지 않았다. 그러던 어느 날, 일하러 가는 길에 꽃다발을 들고 있는 엘리자베스를 봤다. 나는 기겁했다. 나를 위한 꽃다발이라는 것을 알았지만 울타리 너머로 가서 꽃다발을 받을 용기가 나지 않았다. '내 동료들은 미친 짓이라고 생각할 거야!' 그녀는 모든 사람이 보는 앞에서 꽃을 건네줄 것이고 평소에 주차하는 울타리 옆으로 갈 생각에 긴장했다. 그러나 엘리자베스는 아무데도 가지 않는다는 것을 알기에 평소에 주차하는 자리 대신 바로 뒷문 옆에 차를 세웠다. 내가 무슨 급한 일이 있는 것처럼 빨리 달려가면 그녀가 말을 걸지 못할 것이라고 생각했다.

그러나 엘리자베스는 소리쳤다. 그녀는 나를 위해 꽃다발을 가져왔다고 말했다. 나는 문틈으로 뛰어 들어가 그녀의 말을 못 들은 척했다. 정말 기분이 나빴다. 친구 사이는 아니었지만, 그녀가 배신한 것 같은 기분이었다. 나는 사무실에 가서 창문 밖으로 그녀를 봤다. 그녀는 슬프고 실망한 표정이었다. 30분쯤 지나자 그녀는 차도 중앙으로 가서 꽃을 가운데에 놓았다.

나는 차가 꽃다발 위로 지나가는 것을 원하지 않았기에 쓰레기통을 비워야 한다고 변명하고 나왔다. 쓰레기를 버리러 가는 길에 서둘러 아름다운 백합 꽃다발을 주웠다. 안에는 손으로 쓴 카드가 들어 있었다.

주님께서 우리에게 큰일을 하셨기에
우리는 기뻐하였네. (시편 126,3)
당신을 위해 기도해요, 애비!
-엘리자베스-

엘리자베스가 꽃다발을 고르고 카드를 쓰는 모습을 상상할 수 있었다. 나는 깊은 감동을 받았다. 꽃다발을 조심스럽게 가지고 들어가서 물에 담갔다가 1주일 동안 휴게실에 놓았다. 사무실에 카드를 가지고 들어가 다른 여러 감사 카드와 읽을 기사를 담은 작은 탁상 카드 상자 앞에 끼워 넣었다.

내가 '목표'든 아니든, 엘리자베스의 선물을 진정한 우정으로 보았다. 그녀의 사려 깊음과 기도가 언젠가 내 하루를 밝게 하는 것보다 훨씬 더 큰일을 하게 될지 그때는 전혀 몰랐다.

9장

양립할 수 없는 차이

우리는 임신 후반기에 접어든 모든 여성이 행복한 결말을 맺기를 바란다. 그러나 안타깝게도 현실은 달랐다. 나에게는 고통스러운 사례가 하나 있다.

처음으로 임신 후반기에 접어든 여성이 낙태를 하려고 왔을 때 나는 깊은 충격을 받았다. 그녀는 작은 체구였지만 아주 거대한, 진정한 임산부의 배를 갖고 있었다. 그녀는 언제든지 출산할 수 있을 것처럼 보였다. 그녀가 들어왔을 때 나는 클리닉 접수대를 대신 보고 있었다.

"낙태 수술을 예약하고 싶은데요."

나는 흠칫 놀랐다. 그녀의 목소리는 무심했다. 나는 그녀를 따로 이야기할 수 있는 곳으로 안내하고 여기에 온 이유를 물었다.

"방금 임신했다는 사실을 알게 됐어요. 이것을 그냥 제 몸 밖으로 빼내기만 하면 돼요. 제 안에 외계인이 있는 것 같아요." 나는 깜짝 놀라 할 말을 잃었다. 나는 듣고 질문하고, 상담 내역을 기록하고 실제 이야기를 파악하려고 했다. 그녀의 관점에 충격을 받았지만 그녀는 사실을 온전히 인식하고 있는 듯 보였다. 그러나 어쨌든 그녀는 최근까지 임신했다는 사실을 깨닫지 못한 것처럼 보였고, 임신 몇 개월이든 낙태를 원하고 있었다.

나는 아기가 자궁 밖에서 생존할 수 있는 임신 후반에 진행되는 후기 낙태를 격렬하게 반대한다. 처음부터 그래 왔다. 현재 아기는 21주에서 24주에 생존 능력이 있다고 여겨진다. 그 당시 브라이언 클리닉에서는 14주까지 낙태를 했고, 휴스턴 사무실은 16주까지 낙태를 진행했다. 초음파를 통해 여성의 아기가 23주라는 사실을 알게 되었다. 나는 그녀에게 가족계획연맹에서는 낙태를 할 수 없다고 설명했다.

그러자 그녀는 말했다. "그럼 어디에서 이걸 제 몸 밖으로 빼낼 수 있을까요?"

우리 클리닉에서는 고객이 후기 낙태를 원하면, 이를 수행할 수 있는 클리닉에 문의했다. 나는 그녀에게 추천 정보를 제공해야 했지만 그러고 싶지 않았다. 그녀의 아기는 자궁 밖에서 생존할 수 있다는 것을 알았고 이는 나에게 낙태의 기준이기도 했다. 나는 그녀가 다시 생각하기를 바라면서 그녀의 마음의 문을 열 수 있는 방법을 찾고 싶었다. 그래서 먼저, 많은 가정이 입양을 하고 있다고 이야기했다. 그 절차와 우리가 함께 일하는 입양 기관을 설명했다. 그녀는 관심이 없어 보였다. 마지막으로 후기 낙태 절차를 매우 명확하게 설명했고, 끔찍한 절차임을 알 수 있도록 최선을 다했지만 그녀는 흔들리지 않았다.

"네. 어떻게 진행되는지 알아요. 상관없어요. 저는 낙태를 해야만 해요."

"이해하시나요?" 나는 계속 말했다. "당신은 지금 23주이고 당신 아기가 자궁 밖에서 생존할 수 있다는 사실을 아시나요?"

"제 생각에는 다 똑같아요. 6주나 23주나, 다 똑같아요."

나는 말하고 싶었다. '아니에요. 전혀 달라요. 이제 아기란 말이에요!' 하지만 내가 할 수 있는 것은 그녀에게 추천 정보를 제공하는 것뿐이었다.

그날 밤 나는 더그에게 큰 소리로 불평했다. "나는 그 여자가 얼마나 무심했는지 믿을 수가 없었어! 생각만 해도 토 나와. 임신이 6주나 23주나 똑같다고 어떻게 말할 수 있지? 정말 터무니없어!"

더그는 도전장을 내밀 만한 이보다 더 좋은 기회가 없다고 생각한 모양이다. 우리는 그날 밤 한참 동안 논쟁했다. 더그는 인간의 삶은 6주이든 아니든 내가 보호하고자 했던 23주짜리 아기의 삶만큼 가치가 있다는 사실에 내가 눈 뜨기를 바랐다. 반면 나는 더그가 나를 후기 낙태주의자처럼 매도한다는 사실에 격분했다. 마치 우리 클리닉에서 하는 일이 그들이 하는 일과 비슷한 것처럼

9장 양립할 수 없는 차이 87

말하는 것에 분노한 것이다.

  하지만 나도 그녀의 결정에 내키지 않는 당사자라는 느낌을 떨쳐 버릴 수 없었다.

  2008년 초반 더그와 나는 미국 성공회 교회를 다니기 시작했다. 나는 미국 성공회가 낙태 지지 경향임을 알고 있었고, 일요일 아침에 더 이상 내 직업을 숨길 필요가 없다는 사실을 기쁘게 받아들였다. 더그와 나는 교회 전례의 일부가 된 적이 한 번도 없었기에 호기심을 느꼈다.

  우리가 처음 교회를 방문했을 때부터 나는 특히 죄를 고백하는 대목에서 감동받았다. "가장 자비로우신 주님, 우리는 생각과 말과 행동으로 당신께 죄를 지었습니다."라고 기도했고 침묵의 시간이 곧바로 이어졌다. 단지 하나의 문제가 있었다. 매주, 그 예식을 행할 때에 나의 내면에서는 전쟁이 일어나고 있었다. 낙태에 대한 부분을 고백하고자 하는 나 자신과 이에 반대하는 자신을 마주해야 했다.

  클리닉 대표가 되면서 내가 수년간 피해 보려고 노력했던 내 안의 전쟁이 더욱 강렬해지고 있었다. 나는 하느님이 내가 하는 일을 못마땅해하실 수 있다는 두려움에 불편했지만 그분과 가까워지고 있음을 느꼈고 가까워지기를 원했다. 매주 내적 투쟁을 했고, 한편으로는 도움이 필요한 여성들을 도우면서 하느님의 일을 수행

한다고 믿었지만, 그분이 내가 즐기는 일에서 떠나길 원할지도 모른다는 사실을 알게 될까 봐 두려워하고 있었다.

"어머나!" 어느 날 동료가 소리 내는 것을 들었다. 그녀는 울타리를 마주하는 앞쪽 창문 옆에 서 있었다.

"무슨 일이에요?" 나는 물었다.

"수녀님이에요. 진입로에 수녀복을 갖춰 입은 수녀님이 서 있어요."

나는 수녀를 보기 위해 창가로 갔고 곧 우리 중 몇 명이 창문 밖을 내다보고 있었다. 그날 기온은 정말 높았는데, 뜨거운 태양 아래에 바닥에 끌리는 짙고 어두운 갈색 수녀복을 입은 수녀가 서 있었다. 수녀는 하늘을 향해 눈을 감고 기도하고 있었다. 이렇게 수녀복을 갖춰 입은 수녀를 실제로 본 것은 처음이었다.

"정말 사랑스러워 보여요." 클리닉 동료 중 한 명이 말했다. "하지만 고민이 많은 것 같아요."

어색한 침묵이 흘렀다. 그때 막 낙태를 한 고객 중 한 명이 자원봉사자의 도움으로 문 밖으로 나가 차로 향했다. 우리의 눈은 수녀에게 고정되었고, 수녀의 눈은 그 고객에게 고정되어 있었다. 수녀는 진입로 중앙에서 측면으로 이동했고 고객이 진입로를 빠져나갈 수 있게 공간을 내어 주었다. 그리고 흐느끼기 시작했다. 그녀는 무릎을 꿇고 엄청난 슬픔과 진정한 고통의 눈물을 흘렸다.

나는 수녀의 모습을 보고 생각했다. '저 수녀님은 내가 평생 느끼는 것보다 훨씬 더 깊은 무언가를 느끼고 있어. 수녀님은 진정 고통 속에 있어. 이것이 수녀님에게는 진실이야. 고객이 낙태를 했다는 사실을 아는 고통.' 수치심을 느꼈다. 나는 털어 버리려고 노력했으나 내 클리닉 안에서 일어난 일 때문에 수녀가 비통해한다는 사실을 피할 수 없었다.

한동안 우리 모두는 아무 말도 하지 않았다. 우리는 다시 일을 하려고 했으나 몇 분마다 누군가가 창문 밖을 보며 수녀의 근황을 전했다. "아직 흐느끼고 있어요.", "봐요. 이제 생명 운동가들 중 한 명이 위로하고 있어요." 수녀가 저 밖에 서 있다는 사실 자체가 고통이었다.

사실 수녀가 단순히 기도하는 것만으로도 우리 모두의 양심을 대변하는 것처럼 우리를 불편하게 했다. 수녀는 빛나는 미소를 갖고 있었지만, 시간이 지날수록 낙태 때문에 깊이 비통해한다는 사실을 명백히 알 수 있었다. '내가 하는 일 때문에 얼마나 많은 사람이 내 사무실 밖에서 우는 거야?' 나는 궁금했다. 나는 그 질문이 마음에 들지 않았다.

시간이 지나면서 우리는 수녀가 있을 때 밖에 나가는 것을 꺼려했고 수녀가 지닌 '힘'에 대해 농담했다. 수녀가 울타리에 나타날 때마다 수녀의 존재가 우리 클리닉 전체에 스며드는 것 같은 섬뜩함을 느꼈다.

◇◇◇ 10장 ◇◇◇

허리케인

2008년 가을부터 나는 클리닉 안팎으로 점점 더 많은 도전을 시도했고 열심히 일했던 내 자리는 하룻밤 사이에 새로운 방향으로 흘러갔다.

2005년 뉴올리언스와 앨라배마 걸프 해안을 강타한 허리케인 카트리나와 그 직후 곧 휴스턴을 초토화한 허리케인 리타를 기억하는 사람들이 있을 것이다. 그러나 2008년 9월에 카리브해와 텍사스 그리고 루이지애나 해안을 강타한 허리케인 아이크를 기억하는 사람은 거의 없다. 이 허리케인으로 48명이 목숨을 잃었으며, 23명이 실종되었다.

다행히 브라이언-칼리지 스테이션 지역의 사람들은 최악의 폭풍을 벗어날 수 있는 위치에 있었지만, 여전히 많은 사람들이 혹독한 날씨를 경험했다. 허리케인이 다가오자 대부분 사람들은 폭풍이 지나갈 때까지 클리닉을 닫을 것이라고 예상했다. 클리닉 대표로서 나는 우리 지역 담당 대표인 셰릴에게 보고했고, 셰릴도 다른 모든 사람과 마찬가지로 클리닉을 닫을 것을 강력히 권고했다.

나는 문을 닫고 싶어 하는 그들을 이해했다. 우리는 허리케인이 이 지역까지 얼마나 심하게 불어올지 몰랐다. 만약 우리가 문을 열어 둔다면, 우리의 고객, 직원, 그리고 방문 의사들은 위험한 도로 상황과 홍수, 나무, 자동차 사고로 부상을 입을 위험이 있었다. 그러나 내 머릿속에는 안전 문제를 능가하는 또 다른 우려가 있었다. 우리는 격주 토요일에만 낙태를 했다. 클리닉을 닫으면 낙태하는 토요일 중 하나를 놓칠 것이고, 기다리던 여성들은 적어도 2주 정도는 더 기다려야 한다. 이런 지연은 나중에 더 많은 위험을 초래하기에 여성들의 신체적 건강을 해칠까 봐 걱정했다. 그뿐만 아니라, 내 경험상 낙태를 연기해야 한다는 것이 얼마나 감정적으로 고통스러울지 알고 있었다.

셰릴도 안타까워했지만 어쨌든 클리닉은 문을 닫아야 한다고 말했다.

그때 나는 클리닉을 계속 열어 두기 위한 노력을 했다. 그때의 나는 클리닉이었고, 클리닉은 나였다. 나는 성공과 실패를 개인적으로 받아들였고, 내 자존심은 클리닉을 얼마나 잘 운영했는지에 밀접하게 연관되어 있었다. 나는 우리 직원들과 방문 의사들에게 전화를 했다. 날씨가 너무 나빠지면, 클리닉을 열지 못할 것임을 알았다. 그리고 최악의 폭풍은 9월 13일 토요일에 몰아칠 것으로 예상했다. 우리 계열사 임원들은 토요일에 클리닉을 절대 열 수 없다고 했다. 그래서 나는 의사에게 대신 금요일에 와 달라고 했다. 그리고 나와 내 보조는 토요일에 오기로 한 모든 고객에게 전화를 걸어 금요일로 약속을 다시 잡았다. 허리케인의 경로에 있는 모든 가족계획연맹 클리닉은 우리를 제외하고 금요일에 문을 닫았다.

허리케인이 오고 있었지만, 그날은 날씨가 이상했다. 굉장히 고요하고 섬뜩했다. 날씨가 더웠지만 가끔 날씨가 이상하게 서늘해졌을 때, 우리는 "지금 오고 있어요. 우리는 여성들을 클리닉으로 데려오고 집으로 데려 가야 해요."라고 말했다. 그러나 우리가 다 끝냈을 때, 허리케인은 여전히 오지 않았다. 우리는 아무도 돌려보내지 않았고, 모두 집까지 무사히 도착했다.

한 달 후, 우리 주 클리닉 대표는 허리케인 속에서도 우리 클리닉이 여성들에게 서비스를 제공하기 위해 문을 열었던 일을 축하하는 성명서를 발표했다. 나는 우리 고객들을 위해서라면 무엇이든 기꺼이 위험을 무릅쓸 각오가 되어 있었다.

몇 달 후, 휴스턴에서 열린 계열사 회의에서, 우리는 처음으로 모여 허리케인과 그로 인한 피해를 보고할 기회를 가졌다. 휴스턴에 있는 이사회실은 꽤 큰 건물 1층에 있었는데, 아래층에는 행정사무실이 있고 위층에는 클리닉이 있었다. 이사회실의 모습은 전형적이었다. 직사각형 큰 테이블이 즐비했고, 대략 50명 정도 앉을 수 있는 공간이 있었다. 최고 운영 책임자인 바바라가 크리스마스 쿠키를 가지고 왔다. 그녀와 다른 임원들, 대표들이 맨 앞에 앉았고, 계열사에서 온 다른 직원들은 빈 테이블에 앉았다. 우리 계열사는 12개의 클리닉이 있었다. 그중 10개는 텍사스에 있었고 나머지 2개는 루이지애나에 있었다.

회의는 주로 허리케인으로 피해를 입은 지역, 가정의 대대적인 파괴와 클리닉의 피해 등 작은 대화로 시작되었다. 우리는 바바라의 쿠키를 먹으며 수다를 떨었다. 일반적으로 계열사 회의에서는 재정적인 문제를 다루지 않기 때문에, 우리는 회의가 그렇게 흘러갈 것이라고 예상하지 못했다. 그러다 회의 도중에 바바라가 모두에게 정말 나쁜 소식이 있다고 발표했다. 프로젝트 스크린이 천장에서 아래로 내려왔고, 그녀는 세로로 숫자가 적힌 화이트보드를 펼쳤다. 결론은 좋지 않았다.

바바라의 태도는 회의 내내 불안정해 보였으며, 단호할 뿐만 아니라 화가 나 보였다. 화이트보드에 적힌 나쁜 소식 중 일부는 허리케인과 관련된 비용 때문이었지만, 일부는 우리가 지출하는 만큼의 돈을 가져오지 않았기 때문이었다.

끔찍한 소식이기는 했지만, 사람들은 대부분 나와 같은 생각이었다.

'왜 이게 우리 잘못이지? 경제는 위기에 처해 있고, 우리는 허리케인을 겪었음에도 최선을 다해서 일하고 있어.'

몇 주 동안 나는 거의 60시간 일했다. 우리 재정 상태가 좋지 않다면 노력이 부족한 것이 아니다.

바바라는 우리에게 모든 클리닉이 시행해야 할 비용 절감 방법 목록을 주면서 이야기했다.

그래서 목록을 살펴보았다. 정말 혼란스러웠다.

나는 바바라에게 물었다. "이런 조치가 정말 변화를 가져올까요?" 절감 방법에는 사용하는 청소용품 양을 줄이고, 봉투를 재활용하고, 종이를 절약하는 소모품 절약에 중점을 두었다.

바바라는 계열사의 재정을 관리하려고 노력하고, 우리가 최선의 노력을 했음에도 불구하고, 우리가 원하는 일은 일어나지 않았다고 설명했다.

그러나 그 회의 후에도 나는 낙관적이었다. 우리는 어쨌든 바바라가 제안한 많은 비용 절감 방법을 따랐고, 다른 것들도 실행하기 시작했다. 다른 클리닉들은 우리처럼 효율적으로 운영되고 있지 않다고 생각했다. 내가 자랑스럽게 생각한 브라이언 클리닉은 잘 닦인 기계처럼 달렸다.

다음 계열사 회의는 몇 달 후였고, 바바라가 공개한 재무 수치는 확실히 이전 회의 때와는 다르게 보였다. 더 안 좋은 상태였다. 결론은 정말 무서웠다.

바바라는 어떻게 이런 일이 계속될 수 있는지 열변을 토했다. 몇 분 후 나는 그녀의 말을 가로막았다.

"당신이 요청한 것은 우리가 다 하고 있어요." 나는 답답해하며 말했다. "만약 충분하지 않다면, 우리에게 소리 지르지 말고 우리가 할 수 있는 다른 일을 말해 주세요. 우리가 다시 되돌리려면 당신의 답이 필요합니다!"

그녀는 한동안 아무 말이 없다가 다시 말했다. "글쎄요, 우리는 직원 수가 너무 많다고 생각하고 있어요."

가장 두려워하는 답이 나왔다.

"지금보다 더 적은 인력으로 일을 할 수 없어요." 나는 말했다. "동일한 수준의 서비스를 제공한다는 가정에서요. 다른 사람을 고용할 수 있는 권한이 없기 때문에 이미 인력이 부족한 상태입니다." 바바라는 클리닉의 대표들과 개별적으로 만날 계획이라고 말했다. 앞으로 몇 주 중 하루, 우리는 본부로 와야 했다. 그러나 며칠 후, 회의가 시작되려고 할 때 셰릴은 좋은 소식을 가지고 전화를 했다. 브라이언 클리닉은 목표를 달성하고 있는 유일한 클리닉이었기에, 나는 그 회의에서 제외되었다고 셰릴이 말했다. "축하해요." 그녀는 인정했다. 꽤 기분이 좋았다. '그래! 나는 뭔가 제대로 하고 있어.'

사실, 그렇게 생각하는 몇 가지 이유가 있었다. 우선, 나는 최근에 우리 계열사에서 '올해의 사원'으로 선정되었다. 또한 셰릴은 다른 클리닉의 스케줄과 절차를 개선할 수 있도록 도와 달라고 부탁했다. 그런데 사실 우리 클리닉은 다른 대부분의 클리닉에 비해 목표를 달성하고 건전한 재정 기반을 유지하기 더 쉬웠다. 우리는 계열사에서 낙태를 하는 몇 안 되는 클리닉 중 하나였다. 그리고 낙태로 돈을 많이 벌었다. 낙태를 하지 않은 클리닉은 수익을 낼 수단이 거의 없었다.

해가 갈수록 계열사의 사정은 악화되었다. 점점 더 적자 상태였다.

두 번째 계열사 미팅 다음 달, 나는 더 많은 나쁜 소식을 들을 것에 대비했지만, 내가 들은 것에 비하면 아무것도 아니었다. 그리고 이번에는 예산과는 무관했다.

그것은 가족계획연맹이 휴스턴에 거대한 클리닉을 열 계획이며, 전체 층이 의료 및 낙태 서비스에 전념할 예정이다. 미국에서 가장 큰 낙태 클리닉이 될 것이고, 후기 낙태를 할 수 있는 자격을 부여하는 외래 외과 면허증 조건을 가질 것이다.

이 소식을 듣고 나는 속이 울렁거렸다. 나는 후기 낙태는 잘못되었다고 항상 믿어 왔다. 그리고 후기 낙태를 하는 조직에서 절대 일하지 않을 것이라고 주장했다.

도대체 우리 임원들은 왜 이 사업에 뛰어들려고 계획했을까? 낙태 횟수를 줄이는 것이 우리의 목표 아니었나? 내가 채용된 날부터 로비 데이, 언론 교육까지 나에게 그런 말을 하지 않았다. 이 일을 우리 직원들에게 가르쳐야 할까? 생존할 수 있는 아기 수술을 예방할 수 있는 것은 아무것도 없었다. 이보다 더 큰 이익이 있을까? 나는 내가 생각한 대답들 중 어느 것도 마음에 들지 않았다.

낙태가 늦어질수록 비용은 더 많이 든다. 내가 알고 있는 후기 낙태 비용은 3천 달러에서 4천 달러 사이일 것이다. 벌어야 할 큰돈이다. 이것이 가족계획연맹의 갈림길일까? 이 질문은 나를 괴롭혔다.

11장

이사회실

5월에 더 나쁜 소식이 기다리고 있었다.

클리닉 임원 회의를 하기 위해 이사회실에 들어갔을 때 '타이틀 XXTitle XX' 기금이 이미 바닥난 것을 알게 되었다. '타이틀 XX'는 사회복지 서비스 기금을 제공하는 미국 복지법의 하나다. 가족계획연맹은 피임과 가족계획을 제공했기 때문에 그 수혜자였다. 그런데 이제 그 기금이 동이 났다.

그 달 계열사 회의는 아수라장이었다. 우리는 더 이상 저소득층 여성들에게 피임약을 할인된 가격으로 제공하지 않는다고 했다. 나는 이미 답을 알고 있어서 겁이 났지만 이유를 물었다.

"뭐라고요?" 나는 물었다. "우리가 빚이 있기 때문에, 저소득층 여성들이 부양할 수 없거나 키울 수 없는 아이들을 임신해도 상관하지 않는다고요? 하루아침에 산아 제한 계획에서 이 여성들을 버릴 셈인가요?" 그리고 대화는 그때부터 악화되었다. 많은 사람들은 화를 내고 본사의 관리자들은 고객보다 수익에 더 관심이 있는 것 같다는 불만을 토로했다.

"우린 비영리잖아요!"라고 나는 열정적으로 항변했다.

바바라는 날카롭게 말했다. "애비, 비영리는 세금 상태를 말하는 거지, 사업 형태를 말하는 것이 아니에요." 나는 우선으로 해야 할 일을 제대로 파악하라는 지침을 받았다. 즉 나는 수익을 높여야 했다. 회의가 계속될수록 나는 멍해졌다.

'수익을 올리라고? 언제부터 수익 창출이 목표였지?' 내가 듣고 있는 것을 믿을 수 없었다.

매년 각 클리닉은 개별 예산 회의를 가졌다. 나는 몹시 두려운 마음으로 셰릴과 바바라를 만나 클리닉의 예산을 받기 위해 휴스턴으로 갔다. 배정받은 예산에는 낙태 서비스 항목 아래의 고객 목표와 가족계획 서비스 아래의 고객 목표가 포함된다.

나는 그 숫자를 보고 다시 한 번 들여다보았다. 가족계획 관련 고객 목표는 크게 변하지 않았지만 낙태 서비스 관련 고객 목표가 크게 증가했다. 마음이 급해지기 시작했다. '뭔가가 잘못됐어. 이게 반대여야 되지 않나? 가족계획연맹의 목표는 원치 않는 임신 수를 감소시켜서 낙태 수를 감소시키는 거야. 그렇다면 가족계획 서비스는 산아 제한을 의미해. 이게 우리의 명시적인 목표야. 그런데 예산에 따라 낙태 수입을 증가시키기 위해 낙태 수술을 하는

고객의 수를 증가시켜야 하는 거야?'

나는 회의에서 우선으로 해야 할 일을 바로 잡아야 하며, 수입을 창출하기 때문에 낙태를 우선으로 해야 한다는 명확하고 뚜렷한 설명을 듣고 나왔다. 이는 클리닉 대표로서 낙태 수술 수를 증가할 방법을 찾아야 한다는 것을 의미했다. 나는 간담이 서늘해졌다.

"낙태를 '절대' 우선으로 하지 않을 거야!"라고 나는 결심했다.

어쨌든 고용주의 지시에 따라 격주 토요일에만 행하던 낙태를 이제 일주일 내내 해야 했다. 많은 고객들은 쉽고 편리하게 느낄 것이고 그렇게 되면 낙태 건수가 증가할 것이었다.

하지만 나는 이를 위해 지원한 것이 아니었다.

그럼에도 내가 공들인 경력을 버릴 준비가 되어 있지 않았다. 나는 여성들에게 도움이 되는 것을 좋아했다. 그래서 그냥 떠나고 싶지는 않았다. 항상 듣고 믿었던 진정한 목적에 따라 클리닉을 운영할 권리를 위해 싸우고 싶었다. 나는 계열사를 설득해서 진정한 사명을 지킬 수 있을 것이다. 나는 그것이 나의 목적이라고 스스로를 설득했고 그래서 남게 되었다.

5월의 나쁜 일들이 마치 끝나지 않았다는 듯이, 그 달의 마지막 날에는 클리닉에 있는 우리 모두에게 끔찍한 타격이 있었다. 더그, 그레이스와 내가 레스토랑에서 점심을 먹고 있었는데 전화가 왔다. 셰릴이 끔찍한 소식을 들려주었다. 낙태 수술자 조지 틸러 의사가 그날 아침에 교회를 갔다가 극단적인 낙태 반대주의자의 총에 맞아 죽었다는 소식이었다.

셰릴이 이 말을 했을 때 나는 할 말을 잃었다. 나는 더그에게 겨우 그 말을 전했다. 더그는 내 안전을 걱정했다. 우리는 곧바로 집에 갔다. 몇 분 후, CNN을 통해 속보로 이 소식을 접할 수 있었다. 나는 내가 너무 노출됐다는 느낌이 들었다. 마치 모든 사람이 갑자기 내가 낙태 산업에 종사한다는 사실을 알았다는 듯이 말이다. 그리고 어쩌면 그다음 목표물이 나일지도 몰랐다. 첫날은 극심하게 두려웠다. 더그는 내가 집 밖으로 나가는 것을 허락하지 않았다.

하지만 다음 날 내 충격은 분노로 바뀌었다. 울타리에서 기도하는 몇 사람들을 지나쳤을 때, 나는 '감히 오늘 모습을 드러내다니.'라고 생각했다.

우리 직원들 모두가 두려움에 떨고 비통해하는 날에 그곳에 있는 것은 무례한 행동이라고 생각했다.

몇 주 동안, 틸러 의사의 살인 사건으로 우리의 일과 유대에 새롭고 깊은 의미를 갖게 되었다. 나는 나 자신을 군대를 보호해야 할 전시의 장교처럼 느꼈다.

우리는 일부 사람들이 이 살인 사건을 생명 운동가의 대의명분을 위한 승리로 축하하는 것은 비양심적이라고 생각했다. 살인이 어떻게 생명을 옹호하는 것이 될 수 있을까? 그러나 많은 생명 운동 단체가 살인자의 행동을 규탄하는 성명서를 들고 나오는 것도 우리를 화나게 만들었다. 희생자에 대한 거짓된 동정같이 느껴졌다. 울타리에서의 관계도 냉랭해졌다. 모두가 경호를 받고 긴장하고 있었다.

2009년 8월 어느 날, 내가 경험하게 될 운명적인 낙태 수술 한 달 전이었다. 클리닉 접수 담당자가 나에게 전화했다. "애비, 이 전화를 받아야 할 것 같아요."

전화 속에서 젊은 여성의 목소리가 들렸다. "클리닉 뒤에 주차장 있나요? 도로에서 보이지 않은 곳이 있나요?"

"아니요." 나는 말했다. "우리의 주차장은 전부 전면에 위치해 있어요. 무슨 문제라도 있나요?"

젊은 여성은 망설였다. "아니요. 큰 문제는 아니에요." 그녀는 말했다. "사실 가족이 클리닉 밖에서 기도를 하고 있어요. 제가 오늘 낙태하러 온 줄 알고 있어요." 그녀는 덧붙였다. "저를 설득하고 있어요."

"이건 어때요?" 나는 제안했다. "건물에 가능한 한 가까이 주차하세요. 우리가 나가서 당신과 동행할게요. 하지만 당신이 울타리에서 보인다는 사실은 이해해야 합니다."

셰릴이 그날 클리닉에 와 있었는데, 그녀는 항상 우리가 외과적인 낙태 수술을 제공하는 날이면 와 있었다. 셰릴과 나는 그 여성을 창문에서 보고 있었다. 그리고 그 고객은 자연스럽게 건물에 가깝지 않은 곳에 주차했다. 그녀는 울타리 바로 옆에 주차했다. 나는 그녀의 가족들이 울타리 밖에 있는 것을 볼 수 있었다. 여러 명이었다. 한 여성이 특히 속상해 보였는데, 그녀의 엄마가 아닐까 싶었다.

보통 나는 행정 일로 바빠서 봉사자들에게 여성을 동행해서 안으로 들어오게 하는 일을 맡긴다. 하지만 이번에는 셰릴에게 "제가 나갈게요."라고 말했다.

내가 그 여성의 차에 가까이 다가갔을 때, 그녀는 한쪽으로 나왔고 그녀와 동행한 친구가 반대편에서 나왔다. 그녀의 엄마는 울타리 밖에서 그녀의 이름을 부르고 서 있었다. 다른 가족은 엄마 뒤에 서 있었다. 나는 여성 옆에 서서 손을 그녀의 등 위에 올려놓았다. "당신을 뒷문으로 데려갈게요. 그쪽이 더 조용할 거예요."

여성은 대답하지 않았다. 여성의 엄마의 목소리는 좌절감으로 가득 차 있었다. "이렇게 할 필요 없단다." 여성의 엄마는 외쳤다. "널 돕고 싶어. 집에서 같이 살자. 돈을 줄게. 필요하면 무엇이든 다 줄게! 제발 이러지 마라." 여성의 엄마의 간청이 너무 가슴 아팠기에 내 심장도 쿵쾅거렸다.

내가 기다리는 동안, 자동차 뒷좌석이 열리면서 어린 소녀가 나왔다. 한두 살쯤 되어 보였다. 낙태를 하러 온 여성의 딸이었다! 그녀가 엄마 곁에 섰을 때, 울타리 밖의 할머니를 보았다. "할머니!"

라고 그녀는 순진하게 불렀다.

여성의 엄마는 더욱 심하게 흐느꼈다. 마치 몸을 지탱하려는 듯 울타리에 매달려서 외쳤다. "지금 네 뱃속에 있는 그 아이가 지금 있는 딸처럼 아름다울 거야! 네 삶에 이 아이가 가져다 준 온갖 기쁨을 생각해 보렴. 딸이 없는 세상을 상상해 봐! 제발 이러지 마라!"

내가 목격한 가장 강렬한 엄마와 딸의 순간이었다. 여기 한 여성은 자신의 인생에서 중대한 결정 중 하나를 하려고 했고, 엄마는 그녀의 딸이 이 결정을 평생 후회할 것이라고 믿고 있었다.

나는 그 순간 물리적이고 상징적인 울타리의 의미를 인지했다. 엄마는 울타리를 넘어 딸을 가슴에 품고 싶어 했고, 울타리는 젊은 여성과 엄마 사이의 물리적인 장벽이었다. 그리고 태어나지 않은 아이의 생명을 소중하게 여기며 간청하고, 애원하고, 우는 엄마와 큰일이 무엇인지 보지 못한 딸 사이의 분열을 보여 주는 상징적인 장벽이었다.

나는 그 여성을 안으로 데리고 들어갔다. "괜찮아요? 먼저 이야기하실래요? 당신이 정말 하고 싶은 게 맞나요? 아이를 간직하기로 결정한다면 가족들의 지지를 많이 받을 것처럼 들려서 그래요."

내가 무엇을 기대했는지 모르겠지만 다음에 들은 내용은 내가 기대한 것은 분명 아니었다. 그녀는 어깨를 으쓱하고는 말했다. "그냥 제 엄마일 뿐인걸요. 엄마는 원래 그래요. 전 괜찮아요."

'괜찮다니? 어떻게 괜찮을 수가 있지?' 나는 여성의 엄마의 간청을 듣고 깊이 흔들렸다. 나는 뒤로 물러나, 멍한 상태에 빠져 있었다. 그리고 사무실로 돌아가서, 책상에 앉아 울기 시작했다. 내 안에 자리한 깊은 내면에서 눈물이 흘러나왔다.

나는 창문으로 가족들이 무엇을 하는지 지켜보았다. 그들은 그곳에 한참을 서서 기도했다. 그리고 마침내 떠났다.

그 젊은 여성은 낙태를 했고 그녀가 도착한 지 세네 시간이 흐른 후에 그녀는 딸과 친구와 함께 떠났다. 나는 그녀를 다시 보지 못했다. 하지만 그녀의 엄마가 자신의 손주를 살리기 위해 울타리 사이로 비통하게 간청하는 모습을 잊을 수 없었다.

내 눈을 가리던 비늘이 떨어지기 시작했다. 한 가족이 사랑하고 돌보려고 한 아기의 생명을 구하려는 모습은 틸러 의사의 사건에 가려 보지 못했던 것에서 나를 깨웠다.

나는 조각들을 맞춰 보기 시작했다. 나에게 직업을 준 이 단체가 곧 후기 낙태 사업에 가담할 것이라는 사실은 피할 수 없었다. 나는 깊은 딜레마에 빠졌다. 나는 이제 가족계획연맹의 돈과 낙태를 우선시하는 태도, 특히 후기 낙태에 대한 태도를 받아들이기 더 어려워졌다. 나는 결정을 내려야 했다.

이제 내 여정의 중요한 부분으로 당신은 이미 무슨 일이 일어났는지 알고 있다. 나는 전환점으로 이 책을 시작했다. 나는 이 순간까지 이어진 모든 것을 감안할 때, 나에게 한때 의미가 있었던 단체와 완전히 이별하기 위해 하느님의 큰 개입이 필요했다고 생각할 수밖에 없다. 그리고 하느님은 개입하셨다. 2009년 9월 어느 날에 하느님은 나를 검사실로 부르셨다. 그분은 내 두 눈으로 똑똑히 낙태 장면을 목격하게 하셨다.

◈◈◈ 12장 ◈◈◈

거룩한 침묵

끔찍하고, 참담하고, 경악함에 눈을 뜨게 한 낙태 수술을 본 운명의 날을 다시 생각하면, 하느님은 가장 분명하게 볼 수 있도록 나를 완벽한 자리에 배치하셨다는 느낌이 들었다. 그날 검사실에서 잔인하게 희생된 소중한 태아만을 말하는 것이 아니다. 내가 걸린 가족계획연맹의 함정을 이야기하는 것이다.

낙태 수를 줄이고 싶다고 말하면서 나를 채용한 단체에서, 나는 낙태로 인한 수입을 증가시키라는 지시를 받고 며칠 후 낙태 수술 장면을 직접 목격했다.

눈에서 콩깍지가 벗겨지기 시작한 지금, 2번의 낙태 경험을 포함하여 수많은 낙태 수술의 죄책감이 내 어깨 위에서 나를 짓눌렀다.

나는 고객 네 명을 상담한 후 천천히 사무실로 돌아왔다. 나는 수술을 받은 그녀가 충분히 편안한지 확인했지만, 그녀와 눈을 마주치진 않았다. 내가 초음파 모니터에서 목격한 낙태 영상이 계속 뇌리를 스쳤고, 마치 슬로우 모션에 걸린 것처럼 초점이 맞지 않고 멍한 기분이었다. 돌아갈 수 없었다. 내가 한 것을 되돌릴 순 없었다.

나는 내 뒤에 있는 사무실 문을 닫았다. 평소 잘 안하는 행동이었다. 그리고 아무것도 집중하지 않고 그냥 앉아 있었다. 허공을 응시했다. 울지는 않았다. 그저 그 순간의 심각함을 느꼈다. 심호흡을 하는 것조차 힘들었다. 나는 죽음에 관여했다. 죽음. 의학적 수술이 아니었다. 자신의 몸에 의학적 선택을 할 권리를 행사하는 여성의 용감한 발걸음이 아니었다. 무력한 아기의 죽음, 아기는 안전한 자궁에서 격렬하게 찢겨지고 생물학적 유해 폐기물로 버려지기 위해 빨려나갔다.

"스코티, 광선을 쏘아올려 줘." 낙태 의사의 가벼운 말소리가 내 머릿속에 울려 퍼졌다.

나도 그 사람만큼 과실이 있었다. 나는 수많은 아기들의 죽음 일정을 잡았다. 혼란스럽고, 불안하고, 당황스러운 여성들에게 부모가 되거나, 입양을 보내거나, 또는 낙태를 할 수 있는 선택권을 제시했다. 그리고 그들이 낙태를 선택했을 때, 그들의 안전과 안락함을 생각해서 수술이나 약물 치료를 할 수 있는 방법을 제시했다. 그동안 자궁 안에서 안전하게 있던 작은 아기는 우리와 같은 방에 있었는데, 그 아기들을 대신해서 말할 사람은 아무도 없었다.

'나는 더 이상 할 수 없어. 결정했어. 어떤 식으로든 낙태 일에 절대 관여하지 않을 거야. 경력을 포기할 거야. 그래! 바로 그거야. 이제 여기서 나갈 거야.'

이 생각이 내 머릿속을 스쳤고, 갑자기 사방에서 오는 새로운 생각을 어떻게든 정리하기 위해 고개를 숙이고 있는 내 자신을 발견했다. 정말 오랜만의 일이었다. 몇 달 동안 일어난 모든 일이 이 순간에 떠올랐다. 내가 어떻게 이걸 놓칠 수 있었을까?

그때 문득 생각했다. 내가 여기에 얼마나 앉아 있었을까? 아마 10분에서 15분 정도일 것이다. 갑자기 익숙하지 않은 두려움을 느꼈다. 만약 의사가 다음 낙태 수술을 도와 달라고 나를 다시 부른다면 어떻게 해야 할까?

'나는 그 방에 돌아가지 않을 거야. 그들은 다른 누군가를 찾을 수 있어. 빨리 서둘러야겠어.'

나는 서서 심호흡을 하고 마음을 가다듬은 후 사무실 문을 열고 정산을 도와주러 접수대로 향했다. 정산을 빨리 할수록 우리 모두 빨리 나갈 수 있을 것이다. 나는 빨리 벗어나고 싶었다. 머리를 숙이고 손이 바쁜 가운데 아무도 나를 방해하지 않았다. 남은 근무 시간은 희미했지만, 얼마 지나지 않아 문을 닫을 수 있게 되었다.

집으로 가면서, 더그에게 어떻게 말할지 생각했다. '뭐라고 말하지? 어디서부터 시작해야 할까?' 집에 도착했을 때 더그는 거실에 있었다.

"오늘 하루 어땠어?" 더그가 물었다.

"내가 오늘 본 걸 말해야겠어." 나는 무심결에 말했다. "하지만 당신은 듣고 싶지 않을 거야. 끔찍한 일이지만, 나는 설명해야 해. 누구한테든 말해야겠어." 내 말이 너무 빨리 튀어나와서 멈출 수가 없었다.

더그는 뭔가 잘못되었다고 생각하고 걱정했다.

"왜 그래, 애비? 무슨 일이야?"

나는 내가 목격한 낙태 장면을 설명했다. 그리고 그의 얼굴이 일그러지는 것을 보았다.

"당신 말이 맞아. 듣고 싶지 않군." 그는 고통에 찬 표정으로 말했다.

"나도 알아." 나는 소리칠 뻔했다. "그런데 그 모습을 머릿속에서 지울 수가 없어. 계속 생각나. 바로 눈앞에서 튜브에 부서지는 그 작은 척추가 생각나. 더그, 거기서 일하는 모든 사람이 오늘 내가 본 것을 본다면, 그들 중 절반은 바로 그만둘 거야. 나는 알아. 그들은 거기에 더 이상 있지 않을 거야. 8년 동안 일했는데, 오늘까지 우리가 하는 일을 제대로 본 적이 없어. 나는 그동안 왜 이렇게 어리석고, 눈이 멀었을까?"

"괜찮아." 그는 속삭였다. 우리는 소파에 앉았다. 그는 왼팔을 내 어깨에 감쌌고, 오른손으로 내 손을 어루만졌다. 내가 진정할 수 있을 때까지 우리는 앉아 있었다.

더그와 나는 밤이 깊도록 이야기를 나누었다.

"어떡하지?" 나는 대답을 기대하지 않고 물었다. "나는 8년 동안 이 대의명분에 내 인생을 바쳤어. 사실 떠나고 싶지 않아. 우리는 클리닉에서 많은 일을 해. 우리가 얼마나 많은 생명을 구하는데. 성병 검사와 성교육, 내가 해 온 모든 공동체 교육, 검사, 입양. 그리고 우리가 만약 낙태를 하지 않았다면? 그 아기들 중 몇 명이 살고 있을까? 학대. 태만. 끝없는 가난의 순환. 내가 오늘 본 것이 끔찍하고 잘못된 것임은 알아. 하지만 선택은 여전히 옳아야 하지 않아? 많은 여성들은 절망적이야. 더그, 만약 그들이 안전한 낙태를 받지 못한다면, 그들은 도살당한 것이나 마찬가지일 거야. 추악하지만 위험한 낙태보다 추악하지만 안전한 낙태를 하는 것이 낫지 않을까?"

말을 계속할수록 더 혼란스러웠다. 내가 확신했던 한 가지는, 분명히 생명 운동가에 합류하기 위해 편을 바꾼 것이 아니었다.

지난 8년이 틀리지는 않았을 것이다. 내가 낙태를 좋아하든 싫어하든, 여성들은 여전히 그들 스스로 결정을 내릴 권리가 필요했고 수술을 받으러 갈 수 있는 안전한 클리닉이 필요했다. 그리고 텍사스에는 그런 곳이 많지 않았다.

나는 더그에게 "난 편을 바꾸는 게 아니야, 알지?"라고 말했다.

"하지만 난 다시는 낙태에 가담하지 않을 거야. 잘못된 것은 알아. 이제야 그게 보여. 내 잘못이었어. 추악해. 하지만 나는 자신과 동의하지 않는 사람들에게 자신의 견해를 강요할 권리가 있다고 생각하는 사람들과는 함께하지 않을 거야. 생명운동연합 사람들은 여전히 틀렸어. 자신의 견해를 다른 사람에게 강요하는 것은 옳지 않아. 나는 여전히 낙태 지지자 편이야. 하지만 개인적으로 낙태와는 관계를 끊을 거야."

"그럼 애비, 오늘 본 것을 당신이 관여하지 않는 한 괜찮다는 거야?"

"아니! 괜찮지 않아. 하지만…… 나는…… 내 생각에는…… 하루 동안 내가 할 수 있는 일은 다한 것 같아! 이제 끝났어."

내가 가족계획연맹을 떠나는 것에 우리는 동의했다. 또한 내가 빨리 다른 직업을 찾아야 한다고 생각했다.

"좋아. 그럼 난 2주 동안 새 직장을 구해야겠어." 나는 말했고 우리는 둘 다 지친 상태에서 결론을 내렸다. "2주야. 그럼 나는 다시 낙태하는 토요일에 가지 않겠지. 다음 낙태일은 오늘부터 2주 뒤니까."

나는 내가 8년 동안 틀렸을까 봐 걱정했다. 내가 지금까지 반대편에서 전투를 했을까 봐 걱정했다. 나는 그날 밤 내가 틀렸다는 것을 인정하고 공개적으로 알려야 한다는 것이 얼마나 굴욕적이고 당혹스러울지 상상조차 할 수 없었다.

결국, 나는 생명 운동가가 아니었다. 나는 매우 목소리를 높이는 대중적인 낙태 지지자였다. 지금은 낙태 행위를 경멸한다 하더라도, 그때는 여성들이 합법적이고 안전한 낙태에 접근하는 중요성에 대해 잘못 알고 있다는 사실을 상상할 수 없었다.

한편 나의 친절한 남편은 "나는 당신에게 말하려고 했어."라고 말한 적이 한 번도 없다. 우리가 겪었던 모든 논쟁과 언쟁에도 불구하고, 그는 나의 잘못된 생각에 도전하고 나는 진실을 듣기를 거부했음에도 불구하고, 그는 그저 앉아서 나를 위로하고 사랑했다.

에페소 신자들에게 보낸 서간의 구절이 떠오른다.

"남편 여러분, 그리스도께서 교회를 사랑하시고 교회를 위하여 당신 자신을 바치신 것처럼, 아내를 사랑하십시오."(에페 5,25)

다음 날은 일요일이었다. 잠에서 깨어났을 때, 전날 초음파 기기를 잡고 있던 오른손이 아팠다. 나는 손을 살펴보고 마사지를 했다. 분명히 아무 이상이 없었는데, 몹시 아팠다. 옷을 입고 머리를 만지면서 너무 아파서 아무것도 들 수가 없었다. 낙태하는 장면을 보고 충격을 받아 나도 모르게 기기를 꽉 잡은 걸까? 알 수가 없었다. 하지만 교회 가는 내내 손이 아팠다.

더그와 나는 자리에 앉았고, 바로 앞에 앉은 메건에게 인사를 했다. 내일 직장에서 그녀에게 뭐라고 말해야 할까? 나는 어떻게 말해야 할지 몰랐지만, 여기서 그녀에게 말을 하지는 못했다. 나는 참지 못하고, 소란을 피우고, 득보다 해를 끼칠 것이다. 이런 감정은 처음이었다.

복음 말씀이 낭독될 때, 나는 믿을 수가 없었다. 복음 말씀 중 마르코 복음서의 구절이 마음에 들어왔다.

"네 손이 너를 죄짓게 하거든 그것을 잘라 버려라. 두 손을 가지고 지옥에, 그 꺼지지 않는 불에 들어가는 것보다, 불구자로 생명에 들어가는 편이 낫다."(마르 9,43)

내 영혼에 거룩한 침묵이 흘렀다. 만약 너의 손이 너를 죄짓게 한다면……. 하느님은 오늘 아침 나에게 직접 말씀하고 계셨다. 그 말을 듣고도 손이 아팠다! 우연의 일치는 아니었다.

그중 어느 것도 우연이 아니었다. 하느님이 내 마음을 열기 위해 오랜 시간을 일하셨음을 그 순간 확인할 수 있었다. 그분은 울타리에서 기도한 사람들, 엘리자베스가 보낸 꽃과 카드 등 평화롭고 다정한 방식으로 말씀하셨다. 그러나 나는 문제를 인정하지 않는 순진한 열혈 시위자들이라며 생명운동연합 사람들을 무시했다.

하느님은 평소에 가족계획연맹의 동기와 의도를 그들의 말과 지시를 통해 말씀하셨지만, 나는 여전히 진실을 보지 못했다. 아마도 나와 나의 동료들은 위기에 처한 여성들을 돕기 위해 그곳에 있었겠지만, 나는 더 이상 가족계획연맹을 원치 않는 임신을 줄이는 것을 목표로 한 자선 단체로 보지 않을 것이다. 나는 이제 가족계획연맹은 태아들을 죽이고 매출 목표를 달성하는 낙태 기계라고 확신한다. 그리고 그동안 나의 손, 나의 말, 나의 에너지, 나의 열정은 모두 그 기계의 도구였다.

교회에서 나갈 때 나는 더그에게 성경 구절을 속삭였다. 그의 두 눈이 휘둥그레졌다. 그날 아침 우리는 하느님이 분명하고 직접적으로 나와 소통하고 계시다는 경외의 순간을 함께 나누었다. 우리가 집에 도착했을 때, 나는 한시도 낭비하지 않았다. 나는 입사 지원서를 작성했고, 취업 사이트를 확인했다. 나는 2주 안에 새로운 직업을 찾고 다시 낙태 수술을 하기 전에 가족계획연맹에서 벗어나기로 결심했다.

13장

거꾸로

'내가 이 문으로 너무 많이 들락날락할 일이 없었으면.' 나는 생각했다. 낙태 장면을 처음 클리닉에서 목격한 이후 처음 맞이한 아침이었다. 참으로 우스웠다. 8년 동안 이 길로 들어서서 이 문을 통과했는데 그때마다 이 울타리가 '적'에게서 지켜 준다고 확신하고 있었다. 오늘 처음으로 이를 반대로 생각한 게 아닐지 의문이 들었다.

다행히도, 클리닉에서는 별 일 없이 하루가 조용히 지나갔다. 나는 그날 대화를 하지 않기 위해서 최선을 다해 피해 다녔다. 그다음 수요일과 목요일도 마찬가지였다. 나는 당장 처리해야 하는 행정 업무에 집중했고, 고객들을 피했으며, 혼자 지냈다. 최소한 대면 업무에서는 그러했다. 그러나 이메일은 다른 이야기였다. 셰릴과 나는 혼란스러운 이메일을 서로 주고받고 있었다. 내가 몇 달

전 휴스턴 회의에서 관리 권한에 대해서 이의를 제기한 이후로 우리 사이에 긴장감이 고조되는 것 같았다.

고백하건대 나는 리더 자리를 좋아한다. 나는 내 속에 있는 말을 하고 싶어 안달이며 반대 의견을 적극적으로 표명한다. 하지만 나의 이러한 면이 상사 셰릴에게 새로운 것은 아니었다. 내가 처음 가족계획연맹에서 일하기 시작한 이래 그녀와 함께 일해 왔다. 그리고 이러한 문제로 한 번도 충돌해 본 적이 없었다. 그렇다면 왜 지금일까?

어쩌면 그 이유는 종전에는 우리가 이토록 극명한 차이를 마주하지 않아서일 수도 있다. 그 차이는 가족계획연맹의 정체성, 핵심, 가치에 대한 것이었다. 나는 위기의 여성들을 돕고 그 일에 헌신하기 위해 이 단체에 들어갔다. 나는 2007년부터 이에 부합하여 클리닉을 성공적으로 운영해 왔다. 그리고 그러한 노력에 대한 보답으로 그 해의 직원상을 수상했다. 그런데 이제 재정이 궁핍해지자 우리가 어떤 단체인지를 재정의하도록 강요받았다. 나는 우리의 진정한 정체성을 위해 싸우는 것이 내가 설 자리이며 나의 임무라고 여겼다. 하지만 내가 더 강하게 밀어붙이면 밀어붙일수록, 셰릴은 더욱 이에 분노한 것처럼 보였다.

"애비, 이건 사업이에요. 어떤 일이 우선인지 다시 정비하세요." 내가 휴스턴에서 들은 명확한 메시지였다. 그리고 이번 주 특히 고객에게 해로울 수 있는 변화를 하라고 더욱더 강하게 압력을 받고 있다고 느꼈다.

그동안 다른 일자리를 찾아보려는 노력이 멀어지고 있었다. 인터넷상에서 하던 구직 활동에는 아무런 성과가 없었으며 주중에는 전화를 돌릴 수가 없었다. 압박감이 커지고, 이곳을 나가고 싶은 마음이 커지고, 덫에 든 것 같은 느낌이 커져 가고 있었다. 금요일 아침에 이르러서는 이러한 감정에 온전히 사로잡혀 있었다.

나는 클리닉 일을 마무리 짓기 위해 책상과 파일을 정리하고 물건들을 정리하기 시작했다. 나는 물건들을 집에 가져갈 가방에 쑤셔 넣었다. 어떠한 방식으로든 티를 내고 싶지가 않았기에 벽에 걸린 그림과 책상 위 사진과 기념품은 그대로 두었다.

나는 나 자신이 엉큼하게 느껴졌다. 기분이 좋지 않았다. 하지만 동료들에게 이 계획을 알릴 수 없었다. 지난 몇 달 간의 긴장감을 고려했을 때, 내가 이직을 하려고 일자리를 알아본다는 사실을 말한다면 난리가 날 것임을 알고 있었다. 그리고 나는 이러한 일이 셰릴의 귀에 들어갈 것이라 확신했으며 부당한 이유를 들어서 그 자리에서 나를 해고할까 봐 두려웠다. 내 월급에 우리 가족의 생계가 달려 있었으며, 나는 직장에 잘 다니는 채로 새로운 일자리를 찾을 수 있기를 바랐다. 게다가, 나는 이곳을 떠나야 한다는 데 어떠한 논리적 설명도 준비된 상태가 아니었다.

그때 전화기가 울렸다.

"애비, 휴스턴 인사실 수전입니다. 오늘 휴스턴으로 올 수 있나요? 저와 셰릴이 당신을 만나고 싶습니다."

"오늘? 오늘 휴스턴으로 제가 가야 하나요? 왜죠?" 나는 무슨 일 때문인지 상상하기가 어려웠지만 수전의 목소리에 무언가 수상한 기운이 감돌았다. 불편함이 몰려들었다.

하지만 수전은 말하지 않았다. 그녀는 단지 내가 휴스턴으로 와야 한다고 강조했다.

나는 휴스턴으로 운전해서 갔다. 90분 정도 걸리는 거리였지만 마치 몇 시간이 흐른 것 같았다. 나는 최근 임원 회의를 머릿속에서 거듭해서 돌려보았다. 나는 새로운 비용 감축 방안에 저항했고, 고객들의 비용 부담이 증가하는 것에, 특히 낙태율을 높이라는 지시에 강하게 저항했다. 물론 내가 회의 시간에 내 의견을 이야기한다고 해서 그것이 해고 사유는 아니었다. 내가 휴스턴 사무실에 도착했을 즈음에 겁이 나 있었지만 들을 준비가 되어 있었다. 나는 테이블 위에서 진실을 말할 수 있기를 바라고 있었다.

수전이 설명했다. "애비, 우리가 당신을 여기로 부른 이유는, 당신이 공식적으로 견책을 당했다고 알려 주려는 것입니다. 견책은 인사 고과에 반영될 것입니다."

나는 내가 들은 말을 믿을 수가 없었다. "제가 무엇 때문에 견책을 당해야 하죠?"

나는 수전이 아니라 셰릴을 똑바로 바라보며 말했다. 나는 그녀의 입을 통해 듣고 싶었다. 셰릴은 바로 말했다. 셰릴은 내가 그녀와 그녀의 권위에 직접 도전장을 내밀었다고 말했다. 셰릴은 내가 전투적이며, 그녀의 지시에 반박했고, 시키는 대로 하기보다는 논쟁을 하고 지시를 거부했다고 말했다.

나는 할 말을 잃었다. 나는 항상 내 주장을 해 왔다. 그녀에게 질문을 하고 새로운 정책을 거부해서는 안 되는 것이냐고 물어보았다.

그러자 셰릴은 내 자리는 시키는 대로 하는 자리이며, 그녀의 자리 또한 시키는 대로 하는 자리라고 했다. 셰릴은 내 상사였고 그녀의 지시를 따르는 것이 내 임무였다.

가족계획연맹에서 보낸 8년 동안 나는 칭찬 외에 다른 것을 받아 본 적이 없었다. 한 번도 감점 요인을 받은 적도, 경고도 들은 적이 없었다. 나에 대한 평가는 훌륭했다. 올해의 직원상의 영예를 받은 지 몇 달이 채 지나지 않았다.

하지만 그건 상관이 없었다. 이후 한 시간 정도 후부터 수전은 우리의 차이점을 해결할 목적으로 논쟁을 이끌었다. 결국 그녀는 셰릴과 내가 모두 강한 개성을 지녔다고 지적했다. 그녀는 "애비, 이를 인지했다는 사실, 우리가 당신과 이러한 대화를 나누었고, 견책 사실을 알려 주었다는 사실에 대해 서명하길 바랍니다." 하며 결론을 지었다.

내가 무엇을 할 수 있었을까? 나는 서명했다. 셰릴은 의기양양하고 만족스러워 보였다. 나는 마치 학대당한 개 같았다. 나는 집으로 오면서, 수행 성적이 특출 났던 모범 직원이, 최고 평점을 받은 클리닉 직원이 어떻게 그 지위에서 그토록 빨리 떨어질 수 있었는지를 생각하며 의아해했다.

내가 더그에게 그날 일어난 일을 털어놓았을 때 더그는 이에 대해 흥미로운 관점을 갖고 있었다. "어쩌면 주님이 당신에게 당신이 있어야 할 자리가 아님을 알려 주고 계시나 봐."

다른 어떤 설명보다도 그 설명이 말이 되는 것 같았다. 나는 이 일을 열정적으로 사랑했다. 나는 정말 이곳을 떠나고 싶지 않았고 그 주 내내 스스로와 힘겹게 싸우고 있었다. 낙태율을 높이라는 지시, 낙태 장면을 직접 목격한 것, 그리고 이제 견책당한 사실을 우연의 일치라고 치부하기는 어려웠다. 하느님이 내가 가족계획연맹에서 나오기를 계획하고 계셨다면, 그분은 가장 적절한 사건들을 택하고 계셨다. 나는 그저 하느님이 나의 다음 행보를 보여 주시길 원했다.

14장

울타리의 잘못된 편

초음파 영상을 통한 낙태 수술에 참여한 지 일주일이 지났다. 나는 내가 받은 질책으로 인해 구직 활동에 더욱 전념하려고 했다. 그러나 친구들과 동료들에게 전화해서 부탁하기 싫었고 구직 활동은 생각만큼 쉽지 않았다. 나는 가족계획연맹으로 돌아가라는 말을 듣고 싶지 않았다. 그래서 더 많은 지원서를 작성했지만, 일요일 밤까지는 상당히 패배감을 느끼고 있었다. 불안감이 커지고 있었다. 일주일 남았다. 내가 새 직업을 갖게 되던 갖지 않게 되던 클리닉에서 마지막 날은 9일 금요일일 것이다. 더그와 나는 재정 상태를 살펴보며 큰 경제적 손실에 대비해야만 했다.

10월 5일 월요일 아침, 나는 무거운 압박감을 느끼며 잠에서 일찍 깨어났다. 사무실에 갈 생각을 하니 두려웠다.

더그는 나를 격려하기 위해 최선을 다했다.

"주님을 믿자, 애비. 그분은 우리와 함께 계셔. 올바른 이유를 위해 옳은 결정을 내리고 클리닉을 떠나 다른 직업을 찾는 거야."

"하지만 가족계획연맹은 내가 아는 전부야! 낙태 이외에는 내가 하는 일을 사랑해. 여성을 상담하고 교육하고 검사받게 하고, 클리닉을 운영하고, 직원들에게 동기를 부여하고, 자원봉사자를 교육하는 일을 사랑해. 하지만 무엇보다도, 나는 이 세상을 좋게 변화시키고 있다고 항상 믿어 왔어. 난 여기서 어디로 가야 할까? 그리고 만약 바로 다른 직장을 구하지 못하면 어떻게 하지? 집은? 생활비는? 우리 가족을 엉망으로 만들면?"

"한번에 미래를 해결하려고 하지 마. 그렇게 할 수 없어. 오늘 옳은 이유로 옳은 결정을 내리는 데만 집중해. 주님이 길을 가르쳐 주실 거야."

나는 더그를 믿지 않았다. 그러나 비록 낙관적이고 순진한 말일지라도 더그의 격려에 감사했다. 나는 더그에게 키스를 하고 일하러 갔다.

나는 가족계획연맹의 울타리에 접근하여 열린 문으로 들어갔다. 내가 들어서자 어둠이 내려오는 것 같았다. 강렬한 생각이 나를 흔들었다.

'정신 바짝 차려. 호들갑 떨지 마. 나는 다른 직장을 구할 거야. 금요일까지만 출근할 거야. 그때까지 버티는 거야.'

그러나 이메일을 확인했을 때, 스스로에게 한 격려는 심한 좌절감으로 바뀌었다. 셰릴이 보낸 이메일에서 그녀는 클리닉의 낙태 수익을 늘려야 한다고 반복해서 말했다. 이메일을 읽자 속이 뒤집혔다. 이메일을 닫고 책상에서 일어났다. 나는 대기실을 들여다보며 슬픈 삶을 영위하는 고객들이 우리의 도움을 기다리는 것을 보았고, 그들이 단순히 이 기관의 수입원인지 궁금했다. 강한 메스꺼움을 느꼈다. 나는 속았고 이용당했다. 나는 예산을 검토하면서 분노에 휩싸이는 것을 느꼈다. 지난 몇 달 동안 들었던 말이 머릿속에서 반복되었다.

'비영리는 세금 상태를 말하는 거지, 사업 형태를 말하는 것이 아니에요.', '낙태 건수를 올릴 방법을 찾아야 해요.', '우선으로 해야 할 일을 정확히 파악해야 해요.', '우리는 미국에서 가장 큰 가족계획연맹 클리닉을 짓고 있어요. 거기서 후기 낙태를 할 수 있을 거예요.', '매주 약물 낙태를 하는 날을 늘리고 여성들이 약물 낙태를 선택하도록 지시해야 해요.', '스코티, 광선을 쏘아올려 줘.'

나는 침착함을 유지하면서도 힘든 시간을 겪고 있었다. 낙태 영상이 자꾸 머릿속에서 반복되었다. 마침내 눈물이 볼을 타고 흘러내렸다. 나는 급히 사무실로 돌아와 문을 닫았다. 나는 책상에 앉아 창밖을 보았다. 방금 건물을 나온 한 고객이 차를 향해 걸어가고 있었다.

'오늘도 낙태하는 날이네! 정말 충격적이야. 우리는 하루 종일 낙태를 하고 있어. 왜 토요일까지 기다려야 한다고 생각했을까? 우

리는 오늘도 생명을 앗아 갈 것이야. 그리고 나는 여전히 그 일원이고. 나는 아직 여기 있어!'

나는 즉시 짐을 싸고 싶은 충동에 휩싸여 책상을 훑어보았다. 그때 엘리자베스가 준 카드가 눈에 들어왔다.

주님께서 우리에게 큰일을 하셨기에
우리는 기뻐하였네. (시편 126,3)
당신을 위해 기도해요, 애비!
-엘리자베스-

나는 창밖을 다시 보았다. 울타리 반대편에는 생명운동연합 봉사자 두 명이 나란히 서서 이곳을 바라보며 기도하고 있었다.

내 머릿속에서 엘리자베스의 목소리가 들렸다. "우리는 당신을 도와주러 왔어요. 우리가 돕게 해 주세요." 나는 모든 자원봉사자, 모든 고객, 모든 직원, 그리고 나에게 했던 이 동일한 말을 수천 번은 들어왔다. 그 순간 어둠을 뚫고 빛이 들어 왔고 모든 것이 명확해졌다.

'나는 울타리의 잘못된 편에 있다. 나는 울타리의 잘못된 편에 서 있다!'

나는 내가 해야 할 일을 알고 있었다.

'가족계획연맹 사람들은 내가 미쳤다고 생각할 거야. 하지만 내

가 해야 할 일이라면, 해야 돼!'

1초의 망설임도 없었다. 얼굴에서는 눈물이 쏟아지고 있었고, 가슴은 쿵쾅거리고 있었다. 나는 지갑을 움켜쥐고 사무실 문을 열고 차를 타기 위해 클리닉 뒷문 쪽으로 곧장 돌진했다.

메건은 나를 보고 "괜찮아요?"라고 물었다. 그녀는 내 얼굴과 눈물을 봤다. 그녀는 걱정했다. 그러나 나는 멈출 수가 없었다.

"지금 가봐야 해요. 다녀올게요." 나는 나가면서 말했다. 나는 문을 열고 차에 뛰어들었다.

"그들은 나를 괴짜로 생각할 거야. 내가 미쳤다고 생각할 거야." 나는 차를 출발시키면서 말했다. "하지만 상관없어." 눈물이 앞을 가렸다. 주차장에서 나올 수 있도록 눈물을 닦아야 했다. 하지만 이제 어떠한 것도 나를 막지 못할 것이다.

만일 내가 좌회전한다면, 그곳에 3초 안에 도착할 것이다.

'바로 가는 것은 좋지 않아. 내가 생명운동연합 사무실로 바로 가는 것을 누가 봐서 소란을 일으키고 싶지 않아.'

그래서 최대한 돌아간 후, 주차장에 차를 세우고 생명운동연합 사무실 뒤로 갔다. 나는 가능한 한 뒷문 가까이에 있는 주차장에 차를 세웠다.

'어떻게 해야 하지? 내가 불쑥 들어가면, 그들은 당황하고, 내가 공격한다고 생각할 거야.'

흐느낌에 온몸이 흔들렸다. '전화해서 내가 들어갈 수 있는지

물어봐야겠어.'

나는 더듬거리며 휴대폰을 찾았다. 그리고 전화번호를 찾아 전화했다. 듣기 좋은 젊은 목소리가 대답했다.

"생명운동연합입니다. 무엇을 도와 드릴까요?"

나는 걷잡을 수 없을 정도로 울고 있었다.

"가족계획연맹의 애비 존슨입니다."

잠깐 동안 정적이 흘렀다. 그리고 그녀는 조심스럽게 말했다.

"음, 안녕하세요, 애비. 당신이 누군지 알아요."

그녀는 도대체 무슨 일이 벌어지는지 궁금할 것이다. 나는 간신히 말을 이었다.

"들어가서 이야기하고 싶어요. 지금 사무실 주차장에 있어요. 뒷문으로 들어가도 될까요? 아무도 저를 볼 수 없으면 좋겠어요."

다시 정적이 흘렀다. "잠깐만 기다려 줄 수 있나요?"

그녀가 다시 전화했을 때 그녀의 목소리는 안정되어 있었다.

"애비, 저는 헤더예요. 지금 뒷문을 열게요. 들어오세요."

나는 차에서 뛰어내려 뒷문에 서 있었고 마치 스토킹을 당하는 사람처럼 불안해하고 있었다.

뒷문은 작은 거실로 통했다. 조금 떨어진 곳에 헤더와 바비가 서 있었다. 그들은 마치 나에게 폭탄이라도 묶여 있는 것처럼 겁에 질린 표정이었다. 그들은 놀란 토끼 눈을 하고 쳐다보고 있었다. 나는 검은색 클리닉 수술복을 입은 채 흐느낌으로 몸을 떨고 있었고, 얼굴에는 마스카라가 번져 있었다. 한 마디로 엉망진창이었다.

"저는 나오고 싶어요." 나는 불쑥 말했다. "저는 그곳을 나오고 싶어요. 이제 더 이상 못하겠어요."

더 많은 흐느낌이 내 몸을 짓눌렀다. 나는 내가 무슨 말을 할지 전혀 몰랐다. 다만 확실히 알고 있는 것은, 나는 울타리의 잘못된 편에 있었고 옳은 편으로 가야 한다는 것이었다.

그들의 입이 떡 하고 벌어졌다. 지금까지 그들에게 항의해 온 클리닉 대표가 그들 앞에 서서 흐느끼는 모습을 보고 놀라 말문이 막힌 모양이었다.

그때 헤더가 부드럽게 내 등에 손을 얹고는 속삭였다.

"애비, 이리 와서 소파에 앉아요." 그녀의 친절은 나를 더 많이 흐느끼게 했다. 자리에 앉자 또 다른 봉사자인 카렌이 들어왔다. 세 사람 모두 어리둥절한 표정으로 나를 바라보며 서로 속삭였다.

"무슨 일이 일어났나요? 누가 죽었나요? 어떤 끔찍한 사고라도 있었나요? 이거 진짜인가요?"

카렌이 내 옆으로 와서 앉았다.

헤더는 나에게 휴지 한 상자를 주고 맞은편 의자에 앉았다. 그녀는 어리둥절해하며 놀라움으로 가득 찬 눈으로 나를 쳐다보았다.

내가 눈물을 닦는 동안 바비는 부엌으로 가서 물 한 잔을 가져다주었다. 그러고는 바로 맞은편 바닥에 앉았다. 내가 있던 상담실은 부드러운 갈색빛 톤으로 집처럼 편안했기에, 조금은 편안함을 느꼈다. 그러나 나도 모르게 울음이 나와서 심호흡을 몇 번 해야 했고, 다시 평정심을 되찾으려 애쓰면서 물을 몇 모금 마셨다. 그러자 바비가 말했다.

"이제 무슨 일이 있었는지 말해 주세요, 애비." 바비가 부드럽고 친절하게 말했다.

나는 흐느끼면서, 말을 쏟아 내기 시작했다.

"그동안 내가 해 온 일이 잘못된 것임을 알았어요. 예전에는 그게 잘못되었다고 생각하지 않았는데 지금은 알아요. 일주일 전쯤 저는 초음파 영상을 통한 낙태 수술을 도왔어요. 완벽하게 생긴 작은 몸을 봤고, 아기가 도망치려고 심하게 몸을 뒤틀고, 그 몸이 일그러지고, 작은 척추가 빨려 들어가는 것을 보았어요."

나는 몇 분 동안 횡설수설했다. 세 사람 모두 가까이 다가와서 내 쪽으로 몸을 기울이며 내가 지난 몇 년 동안 끓어오르고, 지난 몇 달 동안 타오르고, 지난 주 동안 내 안에서 폭발했던 생각과 감정을 퍼붓는 것을 듣고 있었다.

그러다 카렌이 "숀이 막 주차했어요."라고 말했다. 묘한 안도감이 밀려왔다.

"아마도 숀에게 간단하게 말하는 게 좋을 것 같아요. 제가 여기 앉아 있는 걸 보면 심장마비가 올지도 몰라요." 우리 네 사람 모두 가볍게 웃었다.

"당신이 여기 있는 걸 숀이 알기를 원하나요? 숀이 들어오길 바라나요?" 카렌이 서서 물었다.

나는 숀이 이 일에 함께하길 원했다. 8년 동안 우리는 이 여정에서 울타리를 통해 상대 팀의 주장처럼 행동해 왔다. "네, 제가 숀에게 이야기할게요."

숀은 곧장 사무실로 갔다. 카렌이 숀에게 "애비가 여기 있어요. 당신이 가봐야 할 것 같아요."라고 말했을 때 숀은 얼굴이 마비될 지경이었다고 한다. 아마도 봉사자가 잘못을 저질렀고 내가 화가 나서 싸우려고 한다고 생각했을 것이다. 숀이 물었다.

"애비가 왜 여기 있나요?"

"애비가 초음파 영상을 통한 낙태 수술을 봤다고 해요. 그러면서 우리에게 가족계획연맹에서 벗어나고 싶다고 말하고 있어요."

"애비가요? 애비가 절 기다린다고요? 흠, 어떻게 생각해요, 카렌? 제가 그녀를 도와주게 될까요, 상처를 주게 될까요?" 숀은 이미 카렌을 따라 사무실에서 나오고 있었지만, 방금 들은 터무니없는 소리를 이해하기 위해 노력하고 있었다. "흠, 좋아요. 제가 이야기해 볼게요."

숀은 출입구로 들어와서 나를 쳐다보고 잠시 멈칫하더니, 태평하고 느긋하게 출입구에 몸을 기댔다. 숀은 미소를 지으며 고개를 기울였다.

"힘든 월요일이죠?" 그는 씩 웃으며 물었다.

숀의 열린 태도, 활짝 웃는 그의 얼굴은 나를 편안하게 만들었다. 눈물이 다시 쏟아지기 시작했지만 나는 웃었다.

"그렇다고 할 수 있겠네요."

나는 항상 울타리에서 나와 반대 입장이었던 봉사자들을 둘러봤다. 그리고 다시 울타리 너머의 상대인 손을 바라봤다.

긴장이 풀리는 것을 느꼈다.

15장

두 팔 벌려

"애비, 무슨 일이에요?"

숀의 등장에 나는 안도감이 들었다. 나머지 사람들은 그날 오후 내 감정에 동요했다. 하지만 숀은 차분해 보였고, 자기 자신을 통제하는 듯 보였다. 방 안에 감도는 그의 침착함이 안정감을 안겨 주었다. 그래서 나는 이야기하고 또 이야기했다. 숀은 가만히 내 이야기를 들었다. 나는 내가 본 낙태 장면을 자세히 묘사했고 그는 눈을 나에게 고정한 채 침착함을 유지했다.

"하지만 여전히 피임에 대해서는 믿어요."라고 나는 이야기했다. 마치 누군가가 이에 대해 반박을 했다는 듯이 말이다. 어떤 이유에서든지 내가 그 말을 하는 것이 중요했다. "우리는 여성들이 원치 않는 임신을 피하도록 도와주어야 해요. 낙태 건수를 줄이기 위해서 중요해요!"

"애비, 우리는 당신의 생각을 바꾸려는 것이 아니에요."라고 바비가 답변했다. 그는 내가 진지한지 확신을 갖고 있지 않다는 것을 깨달았다. 우리가 긴 기간 동안 울타리를 사이에 두고 나눴던 많은 비난과 긴장감을 생각해 보았다. 그가 왜 나를 믿어야 할까? 나라면 믿지 않았을 것이다!

그리고 그 사실이 상관없다는 것을 깨달았다. 나는 그들을 설득하기 위해 온 것이 아니었다. 나는 와야 했기에 온 것이었다. 내가 위기의 여성들을 진정 돕기 위해서 잘못된 쪽에 서 있다는 사실을 알았기 때문이었다. 하느님이 나를 오라고 부르셨기 때문이었다. 이토록 단순하고, 계획적이지 않았으며, 즉흥적이었고 솔직히 말하자면 미친 짓이었다. 나는 그들의 운동에 동참하기 위해서 온 것이 아니었다. 그저 내가 이곳에 와야 한다는 사실만을 알고 있었다.

그때 내 휴대폰이 울렸다. 갑자기 방안에 두려움이 엄습했다. 손은 시계를 들여다보았다. "여기 온 지 얼마나 됐어요? 당신이 여기 있다는 걸 그들이 아나요? 그들이랑 회의가 잡혀 있나요?" 그도 다른 이들처럼 불안해 보였다.

나는 휴대폰을 꺼냈다. 더그였다.

"더그, 내가 어디 와 있는지 믿지 못할 거야." 내 목소리에서 행복함이 느껴졌다!

그런데 그다음에 그가 한 말에 나는 깜짝 놀랐다.

"생명운동연합이지."

"세상에! 그걸 어떻게 알아낸 거야?"

"우리가 했던 대화들과 그동안 일어난 일로 미뤄 짐작해 보았을 때 당신이 언젠가는 그들에게 다가갈 거란 생각이 들었어."

더그, 나의 순진한 낙관론자. 그는 알고 있었다.

"나는 사무실을 나왔어. 내가 점심 먹으러 나갔다고 생각할 거야. 이런, 점심! 오늘 메건이랑 점심 먹기로 약속했는데……. 다시 전화할게."

그 사이 문자 메시지가 엄청나게 와 있었다. 메건과 사무실 다른 직원들의 메시지였다.

"괜찮아요?"

"다시 들어오는 거예요?"

"무슨 일 있어요?"

"뭐하고 있어요?"

"우리 점심은 먹는 거예요?"

문자 메시지는 계속되었다.

"그들은 제가 어디 있는지 알고 싶어 해요." 나는 말했다. "점심 먹으러 가야 할까요? 괜찮을까요?"

"언제부터 사라졌는데요?" 숀이 재차 물었다.

"한 시간 정도요."

"그들이 의심하지 않을까요? 애비, 보호가 필요한가요? 당신이 여기 온 사실을 그들이 알고 있나요?"

"아무도 제가 여기 와 있는 걸 알지 못해요." 나는 말했다. "그들은 절대 이해 못할 거예요. 저는 메건과 점심 식사를 해야 해요."

"애비, 당신이 직장을 구할 수 있도록 우리가 도울 수 있어요." 숀이 말했다. "우리가 항상 도우려고 여기 있다고 말했죠. 당신이나 클리닉을 떠나고 싶은 누구나 도울 거예요. 당신이 빠져나가게 도울 거예요. 진심입니다."

"정말인가요? 진짜 저를 돕는다고요?"

"그럼요, 당장. 오늘 바로 전화 돌릴게요."

"로빈슨 박사." 헤더가 말했다.

"맞아요." 숀이 대답했다. "당신이 만나야 할 사람이 있어요. 헤이우드 로빈슨 박사. 그가 도와줄 것이에요. 그는 바로 당신이 있었던 자리에 있었거든요."

나는 로빈슨 박사가 누군지 알고 있었다. 로빈슨 박사와 그의 아내는 한때 잘나가는 낙태 지지자들이었다. 그러던 그들이 낙태 수술을 몇 년 전 그만두고 거침없는 생명 운동가가 되었다. 그는 텍사스 생명 운동에 영향을 끼치는 인물이었으며 '메드'라고 불리는 칼리지 스테이션 메디컬 센터의 의사로 근무하고 있었다.

"그한테 전화해도 되죠, 애비? 내일 그와 만나는 거 괜찮죠? 그는 당신을 위해 시간을 낼 거예요. 오늘 그에게 전화해도 될까요?" 숀은 마치 사탕 가게에 가자고 조르는 어린아이 같았다.

나는 상황이 이토록 빠르게 돌아가는 데 어안이 벙벙해졌다.

"알겠어요. 그를 만날게요. 새로운 직업을 찾는 데 도움이 필요해요. 제가 가족의 생계를 책임지고 있거든요. 저는 가족계획연맹에 계속 있을 수 없어요. 이제 그 사실을 알았어요. 하지만 직업을 못 구한 채로 그곳을 떠날 수도 없어요. 당신이 도울 수 있다면, 전 준비됐어요."

손이 그다음에 한 말에 나는 놀랐다. "애비, 우리가 당신을 위해 기도하면 어떨까요? 그렇게 해도 될까요?" 내가 미처 알아차릴 틈도 없이 그들은 머리를 숙였고 손은 기도로 자신의 마음을 토로했다.

나는 하느님이 계심을 느꼈다. 내가 지난 몇 년간 찾아 헤매던 그 연결성을 감지할 수 있었다. 위대하신 하느님이 내 안에 계신다는 사실을 깨닫자 눈물이 다시 흘러내렸다. 그들은 돌아가며 나를 위해 기도했다. 기도가 끝날 즈음에는 휴지 한 통은 족히 비운 것 같았다.

"애비, 이제 그곳으로 다시 돌아가서 점심을 먹어요. 눈에 띄지 않게 행동해야 해요. 저는 로빈슨 박사와 다른 곳에 전화를 더 돌릴게요. 걱정하지 마세요, 애비. 당신은 혼자가 아니에요. 우리가 여기 당신을 위해 있어요."

나는 그들을 믿었다. 8년 동안 울타리 너머로 나에게 말했던 것과 같이 그들은 나를 위해서 계속 곁에 있어 주었다.

나는 메건에게 문자를 보냈다. "저 다시 들어가요. 점심 먹어요."

생명운동연합의 집무실을 보니 거대한 칠판이 벽 전체를 메웠고, 생명 수호를 위한 40일 캠페인에 참여하는 자원봉사자들의 스케줄이 가득 차 있었다. 정말 많은 이름들이 쓰여 있었다. 비록 내가 적군에 몸담고 있었지만, 지금은 올바른 진영에 있다는 사실에 나는 안도했다.

16장

자신감 유지하기

나는 가족계획연맹의 클리닉 주차장으로 들어가서 휴대폰을 꺼내 메건에게 전화했다.

"여보세요, 메건, 점심 먹으러 나가요."

"괜찮아요? 어디 갔다 왔어요?"

"괜찮아요. 그냥 나와요. 나가요."

1분 후 그녀는 내 차에 올라탔다. 그녀는 내 얼굴을 한 번 보더니 물었다.

"애비, 무슨 일이에요?"

메건과 나는 오랜 친구였다. 사실, 직장에서 나는 그녀의 관리자였지만, 우리는 함께 여행을 가고, 교회에 가고, 일과는 별개로 많은 시간을 보냈다. 난 메건을 믿었다. 그래서 그녀에게 말했다.

"메건, 할 말이 있는데 비밀로 해야 해요. 알았죠? 꼭 그래야만 해요." 그녀는 고개를 끄덕였다.

"가족계획연맹을 떠날 거예요. 전 나가야 해요. 더 이상 이곳의 일원으로 있을 수 없어요."라고 그녀에게 설명했다. 그리고 방금 생명운동연합에 다녀왔다고 말했다.

놀랍게도 그녀는 웃었다. 비웃음이 아닌 믿을 수 없다는 웃음이었다. 그녀는 내가 생각했던 것만큼 감동받은 것처럼 보이진 않았다. 메건은 그들이 나를 도와줄 것이라고 생각하는지 물었다.

"네, 그들은 도와줄 거예요. 정말 대단했어요. 그들은 그저 제가 온 사실에 기뻐했어요. 판단도, 비난도 하지 않았어요. 당신도 알다시피 그들은 항상 우릴 돕겠다고 하잖아요. 몇 번이고 제안했죠. 그리고 저를 도울 수 있다는 사실에 흥분한 것 같았어요. 그들은 오늘 저를 위해 다른 직장을 구할 준비가 되어 있었어요. 정말 놀라웠어요."

메건은 고개를 끄덕이며 잠시 생각에 잠긴 다음, 그들이 자기도 도울 수 있다고 생각하는지 물었다.

가슴이 뛰었다. "물론이죠! 도와줄 거예요! 그게 바로 그들이 원하는 거예요!" 나는 메건이 이렇게 빨리 관심을 표명하고 있다는 사실에 놀랐다.

메건이 무엇을 해야 할지 물었을 때, 나는 이력서가 필요하다고 말했다. 메건이 이력서를 나에게 보내면 내가 손에게 전달하기로 했다.

나는 정말 신이 났다! 메건은 임상 간호사였고, 그녀가 우리가 하는 수술에서 낙태를 싫어한다고 말했던 대화가 생각났다.

"점심 먹으러 가요. 배고파 죽겠어요." 나는 말했다.

밥을 먹은 후, 우리 둘 다 신이 나 사무실로 돌아왔다. 메건은 내가 준 직무 분석표 사본을 부탁했고, 나는 일에 대한 평가서 사본을 주기로 했다. 나는 필요한 모든 것을 메건에게 주었고, 메건은 이력서를 작성해서 이메일로 보내겠다고 했다.

그때 항상 호감을 갖고 있었던 테일러가 생각났다. 테일러는 훌륭한 간호조무사였고, 정이 많았고, 배려를 잘했다. 나는 테일러를 내 사무실로 불렀다.

나는 테일러에게 이야기했다. 테일러의 반응은 메건과 비슷했다. 테일러는 내가 생명운동연합에 갔었다는 이야기를 듣고 놀랐지만, 이해한다고 말했다. 그녀는 그들이 자신이 새로운 직장을 구할 수 있도록 도와줄 것이라고 생각하는지 물었다. 그러면서 자신도 떠나고 싶다고 했다.

내가 그들이 도와줄 것이라고 말하자, 테일러는 전에 이력서를 작성해 본 적이 없다고 하면서 나에게 이력서 작성을 도와 달라고 말했다. 나는 기꺼이 하겠다고 말했다.

내가 손에게 전화해서 메건과 테일러에 대해 말했을 때, 그는 한편으로 놀랐고 기뻐했다. 생명운동연합이 그렇게 오랫동안 울타리 사이에 있었는데, 갑자기 세 사람이 그들의 도움을 받을 준비가 되어 있었다.

모든 일이 얼마나 빨리 일어나는지 믿을 수가 없었다. 시계를 보았다. 눈물을 흘리며 클리닉을 뛰쳐나온 지 불과 몇 시간이 채 지나지 않았을 때였고, 이제 숀과 그의 동료들은 우리 셋을 위해 그 지역에서 일할 만한 일자리를 알아보고 있었다. 무엇보다 숀은 유명한 생명 운동가이자 전 낙태 지지자와의 약속을 잡고 있었다. 참으로 반전이다.

그날 저녁 집으로 가는 나의 발걸음은 한없이 가벼웠다. 내가 생명운동연합에서 나눈 대화와 메건과 테일러와 나눈 대화를 이야기하자 더그는 소리 없이 활짝 웃었다.

빠르게 흘러가는 전개에 우리 둘 다 어지러울 지경이었다. 여기서부터는 아주 순조롭게 항해하는 것 같았다. 물론 수입에 대한 문제는 여전히 해결되지 않았지만, 우리는 분명한 방식으로 모든 것은 하느님의 손에 달려 있다고 확신할 수 있었다.

한편 숀, 바비, 헤더, 카렌은 앞으로 전개될 상황을 보다 정확하게 파악했다. 숀이 나중에 말해 주기 전까지 몰랐지만, 그날 그들의 오후는 나와는 전혀 다른 분위기로 흘러갔다.

내가 떠나고 나서 숀은 문을 닫은 후 팀원들에게 말했다.

"지금 일어난 모든 일은 비밀로 해야 해요. 아무에게도 말하지 않아야 해요. 알겠죠?" 카렌과 헤더는 고개를 끄덕였다.

"임원들에게도 마찬가지예요. 이 일이 알려지기 전에 애비가 가족계획연맹에서 안전하게 떠났는지 확인해야 해요."

"애비는 개방적이었고, 우리를 굉장히 신뢰했어요. 그녀가 가족계획연맹 사람들을 그렇게 믿을 거라고 생각하나요?" 카렌이 물었다.

"아마 그럴 것 같아요." 헤더는 말했다. "그게 애비예요. 그렇죠? 우리는 오랫동안 울타리에서 그녀를 지켜보았어요. 보는 대로예요. 그녀는 무슨 생각을 하는지 말하는 성격이에요. 사무실에서 이 일을 비밀로 하고 있다고 생각하긴 어려워요."

"정말 신나요! 믿을 수가 없어요!" 카렌이 말했다. "모든 사람들 중에서, 애비 존슨. 클리닉 대표! 우리가 한 기도 기억나요? 엘리자베스는 애비를 위해서 기도할 때 항상 부담을 느꼈어요. 그렇지만 희망적이었죠. 그녀는 항상 이렇게 말했어요. '애비는 자신이 옳다고 믿는 일을 하고 있어요. 언젠가 그녀는 진실을 알게 될 거예요.' 기억나요?"

숀은 고개를 끄덕였다. "알고 있어요. 믿을 수 없어요. 그리고 이 순간을 정말 즐기고 싶고, 축하하고, 감사하고 싶지만, 그거 알아요? 제 마음에 수많은 생각들이 오가고 있어요. 가족계획연맹은 곧 애비와 우리를 쫓아올 거예요. 저는 느낄 수 있어요."

그때 바비가 돌아왔다. "애비는 돌아갔나요?"

"네, 하지만 그녀의 얼굴을 봤어야 했어요." 카렌이 말했다. "기쁨. 달라진 모습. 헤더도 봤죠?"

"사실 죄책감을 느껴요." 헤더는 말했다. "처음에는 정말 의심스러웠어요. 그녀를 믿고 싶었지만, 진짜라고 믿기가 두려웠어요."

"저도 같은 생각을 했어요." 바비가 말했다. "몇 년 전 가족계획연맹 직원 중 한 명이 데이비드 베레이트에게 낙태에 반대하는 사람들이 무섭다고 말해서 데이비드는 그녀에게 연락할 수 있도록 휴대폰 번호를 줬는데, 몇 주 동안 장난 전화가 와서 결국 번호를 바꿔야 했던 거 기억나요? 그리고 그 여성은 나중에 울타리에서 그 일에 대해 그를 놀렸고, 그가 너무 잘 속는다고 말했어요. 애비가 처음 시작했을 때 저도 그렇게 생각했어요. 하지만 그녀가 낙태 장면을 묘사하는 얼굴을 보았을 때 그녀의 고통을 알 수 있었어요. 후회. 죄책감. 그것은 모두 진짜였어요. 하지만 솔직히 말하자면 저는 아직도 경계하고 있어요."

숀은 말했다. "이런 일이 알려지면, 사람들은 애비에게 증거를 보여 달라고 할 거예요. 이 지역 사람들은 그녀가 가족계획연맹 일원이라는 사실을 알아요. 우리가 그녀를 지지해 주지 않으면 많은 사람들이 그녀에게 일자리를 주지 않을 거예요. 그러니 우리 모두 함께 그녀를 믿어 주는 게 좋아요. 하지만 지금 나의 가장 큰 관심사는 애비예요. 헤더 말이 맞는 것 같아요. 그녀는 가족계획연맹 친구들을 믿을 거예요. 그들이 자신의 친구라고 믿기 때문이에요. 애비는 지쳐 있고, 그들은 그녀를 공격할 거예요. 저는 그들이 그릴 거라는 걸 알아요. 결국 이 일로 법정에 서게 될 거라고 생각하고 있어요. 이미 넥타이까지 골라 놓은 상태예요."

"아마 그렇게까지 하지는 않을걸요. 그들이 소환장을 보낸 게 처음은 아니잖아요. 그런 적이 있었죠. 한 세 번 정도? 모두 날조된 혐의로 법정에는 출두하지 않았죠."

"맞아요. 그러나 이번에는 어떤 음모가 자리하고 있다고 믿어요. 이번에는 애비 존슨이에요, 클리닉 대표! 그리고 애비는 그냥 떠나지 않을 거예요. 그녀가 우리에게 온 것이에요!" 숀은 고개를 저었다.

"여러분, 축하할 일이 많다는 건 알지만, 이제 조심해야 해요. 생명 수호를 위한 40일 캠페인이 진행되면서 언론과 경찰 모두 삼엄한 경계를 할 거예요. 가족계획연맹은 애비가 떠나려는 것을 눈치 채는 순간, 애비가 가장 먼저 그들에게 말할 것이고, 그리 오래 걸리지 않을 거예요. 나는 그들이 싸움을 시작할 것이라고 생각해요. 그들은 애비와 우리에게 해를 끼치고 싶어 할 거예요. 그래서 우리는 한 마디도 하지 않아야 해요. 다른 자원봉사자들에게도 말하지 마세요."

숀이 틀렸으면 좋았겠지만 그는 옳았다.

네 사람이 대화를 끝냈을 때쯤 나는 이미 메건에게, 어쩌면 테일러에게도 말을 하고 있었을 것이다. 그들은 친구였기에 나는 그들을 믿었다.

17장

올바른 일을 하기 위해

매일 금요일 오전마다 숀은 헤이우드 로빈슨 박사를 만나 아침 식사를 했다. 그들의 우정은 생명 운동을 함께하며 해를 거듭하여 다져진 사이였다. 로빈슨 박사와 그의 아내 노랜은 둘 다 아프리카 출신 미국 의사들이었고, 극적인 전환을 경험하기 전에는 낙태 수술을 행하는 의사였다. 이후 그들은 열렬한 생명 운동가가 되었다. 내가 생명운동연합을 방문한 지 채 한 시간이 되기 전에 숀은 로빈슨 박사의 사무실에 전화를 걸었다. "형, 형한테 전달할 것이 있어. 정말 좋아할 거야!" 숀은 그에게 소식을 전하고 이렇게 말했다. "새로 직장 찾게 도와주는 거 관련해서 이야기하기 위해 곧 같이 데려갈게. 형은 애비를 만나 보고 싶어 할 거야."

그들은 바로 그다음 날인 10월 6일 화요일 1시에 만나기로 했다. 화요일 오전, 나는 일하러 나가기 전 집에서부터 신이 나 있었다. 더그와 나는 내가 한동안 직장 없이 지낼까 봐 불안했다. 하지만 그것은 내가 그 전날 내려놓은 마음의 거대한 짐에 비하면 아주 작은 짐이었다. 울타리에서 잘못된 진영이 어느 쪽인지 알게 되고 하느님께 순종하기로 한 이후 그 울타리를 지나가자 그동안 내가 지녔던 수년간의 고통, 죄책감, 이중성 그리고 혼란이 사라졌다. 나와 하느님 사이에 세워져 있던 높고 두꺼운 벽이 없어졌다. 대신 기쁨의 강물이 흘렀다. 나는 내 생애 동안 이러한 느낌을 받은 적이 단 한 번도 없었다.

사무실에서 서류 작업을 하고 있을 때 휴대폰이 울렸다. 발신자에 '숀'이라고 떴다. 내가 클리닉에 있을 때 숀이 전화한 것은 처음이었다! 나는 사무실 문을 닫고 전화를 받았다. 숀이 속삭였다.

"저예요, 숀. 잠깐 이야기할 수 있을까요?"

"네. 무슨 일이에요?"

"괜찮은 거 확실한가요? 아무도 모르는 거죠, 그죠?" 숀은 여전히 속삭였다.

"괜찮고말고요. 사실 누가 알더라도 이젠 상관없어요!"

"음, 상관있습니다, 애비. 떠들고 돌아다니면 안 돼요. '저 이제 여기랑 끝이에요. 헤이우드 로빈슨 박사랑 숀 카니랑 만나기로 했답니다.' 이런 말들, 하지 않도록 조심해야 해요. 후폭풍을 과소평가하지 마세요. 제 말에 귀 기울이기를 바라요."

"알았어요. 그럼 어디서 만날까요? 저 지금 유니폼 입고 있는데 그래도 괜찮나요?"

"괜찮아요. 메디컬 센터에서 만나요. 눈에 띄지 않을 거예요." 숀은 한 장소를 지정했고 1시에 만나기로 약속을 확정했다.

나는 메건에게 로빈슨 박사와의 약속에 대해서 말했다. 메건은 간호사 자리는 없는지 물어봐 달라고 했다.

나는 점심시간에 사무실을 나가 메디컬 센터 주차장에서 숀을 만났다. 아름다운 가을날이었다.

우리는 로빈슨 박사의 사무실로 들어갔다. 사무실로 들어갈 때, 나는 그가 '소중한 발Precious Feet' 배지를 달고 있다는 사실을 곧바로 알아차렸다. 생명 운동가들이 가장 선호하는 것이었다. 나는 악수를 하기 위해서 손을 내밀었다. 그는 "애비, 이쪽으로 오세요."라고 말하며 나를 두 팔로 감싸 안아 포옹해 주었다.

나는 즉각적으로 그와 연결됨을 느꼈다. '그는 항상 그곳에 있었어. 그는 내 자리에 있었어. 그는 알고 있어.'

로빈슨 박사는 숀과 나에게 소파에 앉으라고 권했고 우리는 서로 이야기를 풀어놓았다. 그들의 이야기를 들으며 나는 그들이 다른 이들을 생명을 향해서 이끌고 있음을 느꼈다. 결코 죽음으로 이끌지 않았다. 내 안에서 무엇인가가 깊이 흔들리고 있었다. 나도 그렇게 하고 싶었다! 나는 항상 생명의 편에 서고 싶었다. 나는 위기에 놓인 여성들에게 항상 그러한 희망을 가져다주고 그들을 돕고 싶었다. 시간이 조금 흐른 후에 로빈슨 박사가 말했다. "함께 기도합시다."

우리 모두는 기도했다. 나도 기도하고 싶었지만 말을 할 수 없었다. 나는 울고 있었다.

우리가 눈을 떴을 때 모두가 나를 쳐다보고 있었다.

"기도할 때마다, 전 울어요."라고 내가 말했다. 모두가 이해한다는 듯한 따뜻한 웃음을 지었다.

로빈슨 박사는 인사실에 갖고 갈 메모를 적어 주었다. 나는 그에게 메건에 대해서 이야기했다.

"그녀의 이력서를 제게 보내라고 전달해 주세요."

나는 인사실에서 근무하는 여성에게 쪽지를 건넸다. "아, 맞아요. 로빈슨 박사님이 전화해서 당신이 온다고 미리 말했어요." 그녀는 나에게 지원서를 주고, 나는 이를 작성했다.

우리는 주차장으로 갔다. 찬란한 태양빛이 비추고 있었다.

"오늘 시외로 나갔다 와야 해요." 숀이 말했다. "댈러스에서 여는 생명 수호를 위한 40일 행사에 발표하러 가야 해요. 그렇지만 제 번호 알죠? 무슨 일이 있으면 언제든 전화하세요. 저는 며칠 안에 돌아올 거예요."

나는 그가 무언가를 궁금해한다는 사실을 알았다. 결국 그는 물어보았다. "그래서 이제 어떻게 할 건가요?"

"제가 가서 사표를 제출해야 한다고 생각해요?"라고 나는 물었다. 답변은 뻔했다. 내게 남은 유일한 질문은 시간 문제였다. 하지만 나는 그가 어떻게 대답할지 알고 싶었다.

"물론 사표를 내야죠. 아직 다른 일자리가 없는 것은 알아요. 하지만 하느님이 도와주실 거예요. 걱정할 필요 없어요. 모두 잘될 거예요. 그분은 충실하시거든요."

"저는 사표를 낼 거예요. 바로 오늘요. 그게 옳은 일이니까요."

그는 고개를 젖히고 웃었다. 그리고 흥분해서 큰 소리로 외쳤다. "그게 옳은 일이라! 그렇죠! 근데 정말 옳은 일이에요!"

그는 어린 소년처럼 보였고, 그 순간의 기쁨에 오롯이 사로잡혀 보였다. 그는 나를 잡고 껴안았다. 마치 춤을 추는 것 같았다.

나는 이 순간이 내게 어떠한 의미를 지니는지 잘 알고 있었다. 나는 새로운 삶을 시작하고 있었다.

2009년 10월 6일 그날, 나는 울타리의 올바른 진영에 발을 디뎠다. 그날 오후 메디컬 센터 주차장에 서 있으면서 나는 가족계획연맹을 떠나는 것보다 더 큰일을 했다는 사실을 깨달았다. 나는 생명 운동에 가담하고 있었다.

"오늘 당신이 떠난다고 바비에게 문자 보낼게요. 그가 당신을 돌볼 수 있을 거예요. 몇 시에 그들에게 말할 것 같아요?"

"오늘 업무가 끝날 때, 4시 30분경에요. 그게 모두에게 지장을 덜 줄 거예요. 그동안 저는 사직서를 작성할게요."

"우리 직원들이 당신을 위해 있을 거예요, 애비. 그리고 우리 모두 기도할 거예요."

2시 30분 즈음에 나는 클리닉 문을 열고 다시 들어섰다. 내가 이 문을 통과하는 마지막이 될 것이라는 사실을 깨달았다. 그러나 이번에는 어둠이 내 안에 내려앉는 대신에 그곳에 빛을 가져가고 있었다. 큰 차이였다.

　나는 동료들을 바라보았다. 내가 사랑한 여성들이었다. 거기 있는 모든 이는 이곳에 연민을, 그리고 위기에 처한 여성들을 도와 세상을 더 좋은 곳으로 만들기 위한 열망을 지닌 채 달려 왔다. 우리는 너무나 많은 것을 공유했다. '그들은 절대 이해하지 못할 거야.' 나는 생각했다. '그들은 배신당했다고 느낄 거야. 이 사건이 끝나면 그들과 절대 화해할 수 없을지도 몰라. 나는 이곳에서 다시는 환영받지 못할 거야.'

　하지만 빛이 내 안에 있었고, 나를 떠받들고 있었다. 나는 하느님을 따라간다는 사실을 알고 있었다. 하느님은 당신을 따르라고 나를 부르고 계셨으며 그게 옳은 일임을 나도 알고 있었다. 내가 어떻게 할 수 없는 것들을 하느님이 하실 수 있도록 나는 믿어야 했다.

　2시간이 남아 있었고 많은 일이 남아 있었다. 나는 머릿속으로 해야 할 목록을 작성했다. '내 물건을 전부 챙겨야 해. 사직서를 써야 하고, 클리닉에 속한 모든 것을 한데 모아야 해. 열쇠, 출입 카드, 모든 것. 모두 셰릴을 위해 남겨 두자. 그들의 물건을 갖고 이곳을 나서고 싶지 않아. 그리고 내 물건을 두고 떠나고 싶지 않아. 다시는 이 문으로 들어오지 않을 거니까. 하지만 먼저, 가장 어려운 일을 해야 해. 나는 몇몇 동료들에게 이를 알려야만 해.'

나는 먼저 메건과 테일러에게 로빈슨 박사와 숀과의 만남, 그리고 즉시 사직을 하려 한다고 말해 주었다.

메건은 슬퍼했다. 그녀는 내가 이토록 빨리 떠나기로 한 데 놀라면서도 한편으로는 이해하려고 노력했다.

테일러는 고통스러워했다. "우리를 여기 남겨 두고 떠나지 마세요, 애비. 부탁이에요." 그녀가 간청했다. "우리 모두 다른 일자리를 찾을 때까지 기다려 줘요." 하지만 나는 우리 모두가 일자리를 함께 찾을 것이라고 테일러를 안심시켰다. 그리고 새로운 일자리를 빠르게 찾도록 할 수 있는 한 모든 것을 하겠다고 말했다.

다른 이들에게는 한 명씩 불러 이야기했고, 몇몇에게는 전화로 이야기했지만 생명운동연합에 대해서는 언급하지 않았다.

나는 사무실 짐을 싸고, 더그와 그레이스의 사진을 책상 위에서 치우고 마지막으로 엘리자베스가 쓴 카드가 있는 탁상 카드 상자를 치웠다. '이 카드는 집에 가서 액자에다 보관해야지.' 그리고 사직서를 작성했다.

정확히 4시 30분, 문을 닫는 시간에 나는 휴스턴에 있는 인사실에 사직서를 팩스로 제출했다. 그리고 셰릴이 그다음 날 찾을 수 있도록 열쇠와 출입 카드를 적절한 곳에 놓아두었다. 내 사직 사실을 알게 된다면 그녀가 서두를 것을 알기 때문이었다. 나는 개

운한 기분이 들었다. 정말 옳은 일을 한 것 같았다. 이보다 더 좋은 기분일 수는 없었다.

메건과 테일러는 주차장 내 차 옆에서 기다리고 있었다. 그들은 내가 잘되기를 빌며 포옹하고 이별했다. 그때 울타리 건너편에 서 있는 바비를 보았다. 숀이 약속한 대로였다. 다른 생명운동연합 봉사자가 그의 옆에 서서 모든 것을 보고 있었으며, 놀란 듯 보였다. 바비는 다시 손을 흔들었고, 놀랍게도 메건과 테일러도 그에게 손을 흔들었다. '아, 희망이 조금 있네!' 나는 생각했다. '어쩌면 그들도 우리와 함께 울타리 반대편으로 넘어올 수도 있겠어.'

나는 그렇게 생각하는 나 자신을 발견했다. 우리? 나 스스로를 이미 생명운동연합의 일부로 생각했다는 사실을 깨닫고 놀랐다. 하루 안에 이미 유대감이 커져 갔다.

'내 삶의 8년이 막을 내리고 있어. 한 커리어가 끝났어. 이제 모두 과거야. 하느님이 원하시는 미래가 이제 내 앞에 펼쳐질 거야.'

내가 바비를 지나 운전해 나갔을 때, 그는 미소를 지으며 다시 손을 흔들었다. 나는 백미러로 그가 울타리에서 기도하면서 무릎을 꿇고 손을 하늘로 치켜든 것을 보았다. 나 또한 기도했다. 그와 '함께' 기도하는 것이 경이로웠다.

나는 울고 있었다.

'우리가 함께 기도할 때마다, 나는 운다.'

18장

앞으로 나아가기

그날 밤 나는 부모님에게 전화를 했다. 부모님은 아마 내가 가족계획연맹에서 일하고 있다는 사실을 처음 알게 된 이후로 쭉 기도하고 있었을 것이다.

"여보세요, 엄마. 엄마 아빠에게 들려줄 엄청난 소식이 있어요. 아빠도 전화받을 수 있어요?"

엄마는 언제나 내 목소리로 나의 감정 상태를 알았다. 엄마는 내가 행복하다는 사실을 눈치 챘다.

"저 오늘 가족계획연맹 그만뒀어요!" 너무 조용했다. 나는 부모님에게 내가 본 낙태 장면을 말하지 않았기에 그들은 그날 이후 내가 겪은 고통을 알지 못했다.

"할 말이 많아요." 나는 모든 것을 다 털어놓았다. 언제나 그랬듯이 부모님은 사랑으로 귀를 기울이며 몇 가지 질문을 했다.

"애비, 넌 옳은 일을 했어." 엄마가 말했다. "엄마는 오랫동안 네가 그곳을 떠나길 기도했어. 네가 자랑스럽구나."

"경제적인 것은 괜찮니? 뭐 필요한 거 있니?" 아빠가 물었다. 그 말을 듣자 눈물이 핑 돌았고, 내가 살면서 어떤 일을 해도 부모님은 항상 기꺼이 지원하고 도와줄 것임을 깨달았다. 하느님은 많은 사람들의 기도에 응답하고 계셨고 얼마나 많은 사람들을 앞세워 나를 가족계획연맹에서 이끌어 냈는지조차 알 수 없었다. 그러나 사실 오늘 내가 디딘 한 걸음은 단순히 나 혼자만의 사건이 아니었다. 훨씬 더 큰 이야기의 한 장면에 불과했다.

내가 앞으로 들려줄 이 이야기의 진짜 규모를 알기까지는 시간이 걸렸다.

부모님과 통화를 끝내고 얼마 지나지 않아 전화벨이 울렸다. 댈러스에서 숀이 내 상황이 궁금해서 전화를 한 것이었다.

"잘 견디고 있나요? 오늘 오후는 어땠어요?" 숀이 물었다. 나는 그에게 자세하게 설명한 후 주제를 바꾸었다.

"숀, 엘리자베스와 이야기하고 싶어요. 2년 전에 그녀가 준 꽃과 카드가 이 일에서 어떤 역할을 했는지 알려 주고 싶어요."

"제가 먼저 전화하는 게 좋을 것 같아요." 그가 제안했다. "무슨 일이 일어났고 그게 사실이라는 것을 알려 줄게요."

숀과 통화한 후 전화벨이 다시 울렸다. 그날 일찍 사직 소식을 전하기 위해 통화했던 다른 클리닉의 동료였다. 그녀는 내가 떠나기로 한 결정을 자기에게 털어 놓은 이상 자기 일이 걱정된다고 했다. 그녀는 내 사직에 대해 셰릴이 알기 전에 자신이 먼저 알았던 사실을 셰릴이 알게 되면 화를 낼 거라고 생각했다. 그녀는 그날 밤 셰릴에게 전화해서 이 소식을 말해 주면 내가 배신감을 느낄지 물었다.

"당신이 원하는 대로 셰릴에게 전화를 걸어 말해도 돼요." 나는 셰릴의 반응에 두려워하지 않는 자신을 발견하면서 대답했다. "당신 자신을 위해 그녀에게 말할 필요가 있다고 느낀다면, 말해요."

그날 밤 침대에 기어들어가 더그 옆에 웅크렸을 때 나는 새로운 사람이 된 것처럼 느껴졌다. 지난 며칠 동안의 모든 감정과 짧은 시간에 내린 중대한 결정에 지쳐 있었지만, 그 피로감은 오히려 멋진 기분이 들게 했다.

'마라톤을 완주한 주자의 심정은 이럴 거야. 온몸이 아파야 하지만 경기를 끝낸 즐거움은 모든 고통을 가치 있게 만들어. 내 마음이 그래!'

다음 날 아침 그 동료에게 전화가 왔다. 그녀는 나에게 셰릴과 한 대화를 자세히 설명해 주었다. 그 후 메건이 전화했다. 그녀는 쉬는 날이었지만 셰릴이 몇 번이나 전화를 걸어 더 아는 것이 있거나 내가 의심스러운 행동을 한 적이 있는지 물었다고 했다. 테일러도 전화를 걸어 셰릴이 직원들과 개별적으로 만나서 누가 알고 무엇을 알고 언제 알았는지 자료를 모으고, 내가 사무실을 정리하거나 물건을 집으로 가져가는 것을 본 사람이 있는지 물었다고 했다. 물론 놀랍지 않았다. 나는 걱정하지 않았다. 나는 내 소지품을 깨끗이 치우고 물건을 잘 정돈해 두었다.

손이 다시 내게 전화를 했을 때, 나는 이미 엘리자베스에게 이메일을 보냈다고 털어놓았다. 바로 그때 그의 휴대폰이 울리는 소리가 들렸다.

"오, 엘리자베스가 전화했어요! 잠깐만요." 그는 나에게 기다려 달라고 하면서 마냥 행복해했다.

"애비, 엘리자베스가 기쁨의 눈물을 흘리고 있어요. 그녀에게 자세하게 알려 주고 다시 전화할게요."

몇 분이 지나고 다시 전화가 왔고, 이번에는 엘리자베스가 전화를 걸었다. 우리는 하느님이 일하시는 방법에 경이로워하면서 눈물을 흘리고 대화를 나누었다.

남은 주 동안 나는 구직 활동을 계속했다. 이제 만나고 싶은 사람은 누구든 자유롭게 연락할 수 있었다. 나는 몇 가지 면접을 준비했다. 그 외에는 그레이스와 함께 집에 있었고 집 주변에서 몇 가지 프로젝트를 진행하는 것을 즐겼다. 정말 홀가분했다.

한편, 2주 동안 나와 생명운동연합과 유대감은 더욱 강해지고 있었다. 나는 손과 그의 팀원들과 수없이 통화를 했다. 나는 하느님, 기도, 성경, 그리고 의학 윤리에 대한 연합의 입장에 대해 수백 가지 질문을 가지고 있었다. 질문이 쇄도했다. 그들은 대답하기를 간절히 원했고, 나를 위해 기도하고 있다는 사실을 내가 알아주기를 원했다. 또한 내가 갈 수 있는 일자리에 관한 최신 정보도 제공해 주었다. 나는 그들의 목표, 자원봉사자들의 교육 방법, 그리고 위기에 처한 여성들에게 제공하는 서비스에 관해 질문했다. 내가 더 많이 배우면 배울수록 하느님은 연합을 통해 당신이 어떻게 일하시는지 새롭게 볼 수 있도록 이끌어 주셨다.

"숀, 할 말이 있어요." 그는 걱정스러워 보였지만 진지한 표정으로 몸을 앞으로 기울였다. 나는 약간 긴장하면서도 말을 계속했다.

"저는 무언가에 대항해 투쟁하고 있어요. 마치 사기꾼이 된 것 같아요. 저는 낙태가 무엇이고 그것이 악임을 깨달았어요. 그래서 낙태 클리닉을 떠났고 다시는 돌아가지 않을 거예요. 저는 낙태와 다시는 어떤 관계도 맺고 싶지 않다는 것을 이제는 알아요. 하지만 솔직히 말해야겠어요. 저는 아직 제가 정말…… 제가 생명 운동가라고 말할 수 있을지는 아직 모르겠어요. 그 단어를 말하는 것조차 어려워요, 숀. 아마 말이 안 되겠지만 제가 생명 운동가로 가는 여정이라는 걸 알기 때문에 더 마음이 이상해요. 하지만 저는 이 문제들 중 몇 가지는 정말 고심하고 있어요. 제가 정말 낙태가 불법이어야 한다고 생각할까요? 저는 이제 그것은 도덕적인 것이 아니라 불법이라고 믿어요. 그런데 불법인가요? 범죄이어야 할까요? 그렇게 되면 정말 여성들이 낙태하는 것을 막을 수 있을까요? 그렇지 않을 거라는 것도 알고, 불법 낙태가 급증할 거라는 것도 알아요. 그럼 강간과 근친상간은요? 만약 낙태가 불법이 되더라도, 저는 이런 사례를 지지하지 않게 될까요? 풀리지 않는 질문들이 너무 많아요."

숀은 잠시 나를 쳐다보더니 고개를 뒤로 젖히며 큰 소리로 웃었다. 그는 나를 비웃는 게 아니었다. 하지만 분명히 그는 즐거워했고 내가 예상하지 않았던 반응을 보였다. 그가 다시 몸을 앞으로 기울였다.

"애비, 당신은 바로 2주 전에 낙태 클리닉을 운영하고 있었어요. 2주! 이게 지금 애비 존슨을 가장 고민되게 만드는 사안이라면, 우리가 꽤 잘하고 있다는 거예요. 우리는 앞으로 나아가고 있어요. 시간이 지나면 해결될 거예요. 성령께서 방금 당신의 삶을 뒤집으셨어요. 당신이 알고 있는 모든 것을 다시 생각해야 하고 진실과 거짓이 무엇인지 기도하며 분별할 필요가 있어요. 이제는 시간과 기도 속에서 침묵이 필요해요. 내적 논쟁을 서둘러 해결하려 하지 말고 기도로 뛰어들어 하느님께서 시작하신 일을 끝내시도록 간청해 보세요."

10월 23일 금요일 저녁, 나는 기도하며 샤워를 하고 있었다. 나는 하느님과 나의 새로운 유대감을 만끽하면서 밤낮으로 기도하는 나 자신을 발견했다. 그때 갑자기 클리닉 울타리에 가서 기도하고 싶은 충동이 일어났다. 처음에는 그 충동을 무시했다. 손과 나는 클리닉에서 거리를 유지하기로 동의했다. 우리는 여전히 내가 생명운동연합에 들어갔다는 말을 꺼내고 싶지 않았다. 우리의 의도는 몇 달이 지나 천천히 연합의 자원봉사자로 시작하는 것이었다. 그렇지 않으면, 내가 갑자기 진영을 바꾸었다며 음모를 꾸민다는 혐의를 받을 수가 있었다.

그러나 클리닉 울타리에 가서 기도하고 싶은 열망이 계속되었고, 나는 이 열망이 하느님에게서 온 것이라고 믿기 시작했다. 그리고 바로 그 순간, 내가 했던 두 낙태 수술이 떠올랐다. 나는 내 손을 다시 들여다보고 다시 한 번 내가 알고 있는 것보다 더 많은 아기들의 죽음에 대해 얼마나 과실이 있는가를 생각해 보았다. 눈물이 쏟아졌고 얼굴을 따라 흘러내리는 샤워기의 물과 뒤섞였다. '울타리에 가서 기도하자.' 나는 꼭 해야 한다고 생각했다.

"지금 내가 알아야 할 것 하나 있다면, 그것은 하느님이 나에게 무언가를 하라고 하실 때 나는 그것을 해야 한다는 거야. 하지만 더그는 어떻게 생각할까?" 나는 몸을 닦고 거실로 걸어 들어갔다. 더그는 안락의자에 앉아 있었다.

"당신은 내가 미쳤다고 생각할 거야." 나는 말했다. "하지만 나는 클리닉에 가야 해."

더그는 당황하며 나를 바라보았다.

"공공기물을 훼손할 생각이야?"

"아니, 공공기물을 훼손하지 않을 거야. 기도할 거야."

"오, 애비, 그건 전혀 미친 짓이 아니라고 생각해."

더그는 그레이스와 함께 집에 있기로 했다. 오후 10시였다. 우리 둘 다 '생명 수호를 위한 40일 캠페인'이 진행되고 있음을 알고 있었고, 그것은 적어도 두 사람이 울타리에서 기도하고 있음을 의미했다. 나는 매우 초조했다. 그들은 나에게 뭐라고 할까?

나는 누군가에게 전화해야 했다. 그때 엘리자베스가 생각났다. 그녀에게 전화했고 눈물이 나기 시작했다. 그녀가 전화를 받자 나는 말했다.

"저는 기도하러 울타리로 갈 거예요. 이상하다고 생각하나요?"

"애비, 제 생각에는 하느님이 당신을 그곳으로 부르신 것 같아요. 치유가 될 거예요."

"그런데 손이 그러는데 봉사자들 중에 제 차가 거기 없다는 걸 눈치 챈 사람도 있고, 제가 어디로 갔는지 궁금해하는 사람도 있다고 해요. 제가 나타나서 사람들이 저를 알아보면 어떻게 해요?"

"그들에게 사실대로만 말해요." 엘리자베스는 아주 간단하게 대답했다.

울타리를 바라보며 기도하는 어린 학생 두 명이 내가 오자 나를 쳐다보았다. 밤은 어두웠지만 가로등은 밝았고 그들은 나를 똑똑히 볼 수 있었다. 왜 그런지 모르겠지만, 나는 그들에게 다가갔다.

"안녕." 나는 망설이며 말했다. "나는 애비 존슨이야. 나는 이 클리닉의 대표였지만, 2주 전에 사직했어. 양심상 계속 있을 수 없었어. 제발 나를 봤다는 말은 아무에게도 하지 말아 줘. 나는 오늘 밤 단지 기도하러 왔어." 그 말을 하고 나니 마음이 정화된 느낌이었다.

두 사람은 나를 껴안았다.

"멋져요!" 그들은 활짝 웃으며 함께 말했다.

나는 혼자 발을 뗐다. 나는 눈을 감고 건물을 마주 보았다. 내가 이곳을 마주해야 한다는 사실을 잘 알고 있었다. 나는 심호흡을 하고 눈을 떴다.

나는 이 건물 안에 있는 내 죄와 정면으로 마주보고 있었다. 그 무게를 느낄 수 있었다. 그 무게를 받아들어야 했다. 그리고 그렇게 했다.

울타리 창살 사이에 있는 건물을 바라보면서, 하느님이 나를 불러내신 곳이 이곳이라는 사실을 깨달았다. 나는 내가 죄를 저지른 장소만을 마주하는 것이 아니라 나를 인도하는 장소를 마주하고 있기도 했다.

나는 기도했다. 등 뒤에서 들리는 번화가 소리는 점점 희미해져 갔다. 오로지 침묵만이 흘렀다. 나는 하느님과 단둘이서 친교를 나누며 그분을 만났다. 평화가 나를 감쌌고, 오직 하느님만이 주실 수 있는 평화임을 알 수 있었다. 울타리에서의 치유가 시작되었다.

10월 28일 수요일, 테일러는 시내의 한 클리닉에서 면접을 봤다. 그날 그녀는 전화해서 "우리 함께 저녁 먹을래요?"라고 물었다. 저녁을 먹으면서 그녀는 흥분해서 그녀의 구직 활동에 대해 자세하게 이야기하며 간호학교에 진학하고 싶은 바람을 말했다. 우리가 레스토랑에 있는 동안, 메건에게 문자 메시지를 받았다. 그녀는 휴스턴 사무실에서 가족계획연맹의 다른 임상 간호사들과 회의를 했고, 셰릴과 함께 왔다 갔다 했다.

저녁을 먹고 나서 테일러는 나를 안아 주면서 작별 인사를 하고 다음 날 전화를 하겠다고 약속했다. 그리고 브라이언 클리닉이 속한 가족계획연맹의 계열사의 CEO와 바바라와 연례 계획 회의를 한 후, 메건과 자신은 떠난다고 말했다. 테일러는 그 회의가 마지막 회의이길 바란다고 말했다.

"당신이 없으면 예전 같지 않을 거예요." 테일러가 차에 올라타면서 말했다.

나는 웃었다. 더 이상 양심의 가책이나 예산 부족 그리고 가족계획연맹의 의무와 우선으로 해야 할 일과 씨름할 필요가 없다는 것에 홀가분했다.

그런데 다음 날 목요일, 테일러나 메건에게서 연락이 없었다. 나는 그들의 회의가 늦게 끝났다고 생각했고 별로 신경 쓰지 않았다. 나는 두 사람에게 문자를 보냈지만 답장을 받지 못했다. 금요일, 하루 종일 그들에게서 전화나 문자가 오기를 기대했지만 아무 연락도 없었다.

그 후 금요일 밤, 더그와 집에서 영화를 보던 중, 나는 다른 가족계획연맹 클리닉에서 일하는 친구에게 전화를 받았다. 그녀는 내가 사직한 날, 내가 전화를 걸었던 몇 안 되는 사람들 중 한 명이었다. 물론 나는 그녀에게 연합에 대해 아무 말도 하지 않았다.

"애비, 물어볼 게 있어요. 혹시 생명운동연합과 일하고 있나요?"

그 질문에 나는 깜짝 놀랐다. 나는 누구에게도 생명운동연합과 관계를 언급하지 않기 위해 매우 조심스러웠고 숀이 그의 팀에게 비밀을 강조했다는 사실을 알고 있었다. 나는 그녀가 그것을 어떻게 알았는지 궁금했지만 거짓말을 하지는 않았다.

"그래요. 그들과 이야기를 나누었어요." 나는 숨을 죽이며 그녀의 반응을 기다렸다.

"좋아요, 애비. 음……." 나는 그녀가 기대했던 답이 아니라고 확신해서 어떻게 반응할지 결정하기 위해 오래 침묵을 했다고 생각했다.

"그럼, 제가 더 이상 가족계획연맹과 법적으로 매여 있지 않을 때, 다시 전화해서 물어볼게요."

"좋아요. 그렇게 하세요."

그녀는 서둘러 작별 인사를 하고 전화를 끊었다.

'정말 이상하다. 더 이상 법적으로 매여 있지 않을 때? 도대체 그게 무슨 말이야? 가족계획연맹이 나와 생명운동연합의 관계를

알고 있다는 뜻인가?'

그녀의 목소리는 확실히 겁먹은 것처럼 들렸다.

나는 메건과 테일러가 이틀 동안 조용한 것과 관련되어 있는지 궁금해서 메건에게 전화했다.

그녀의 휴대폰 번호는 더 이상 없는 번호였다.

"뭐라고?" 나는 소리쳤다.

"왜 그래?" 더그가 물었다.

"당신 휴대폰 좀 써도 될까? 뭔가 이상한 일이 벌어지고 있어."

나는 더그의 휴대폰으로 메건에게 다시 전화를 걸었다. 같은 말이 반복되었다.

나는 더그에게 설명했다. "아마 전화 서비스 문제일 거야. 메건은 다른 주의 지역 코드를 가지고 있어. 새 서비스나 새 번호로 바꿨을지도 몰라."

그래서 나는 테일러에게 전화했다.

역시 더 이상 없는 번호였다.

숨이 막혔다. 뭔가 추악한 일이 벌어질 것만 같았다.

'사랑하는 주님, 제 친구들에게 무슨 일이 생겼나요?'

∞∞ 19장 ∞∞

법원 명령

클리닉 친구와 전화 통화를 한 이후, 수년간 동지였던 가족계획연맹의 모든 사람, 친구와 동료가 이제는 내가 이곳을 버린 것을 알고 있거나 곧 알게 될 것임을 깨달았다. 무엇보다 내가 단지 가족계획연맹을 떠난 것이 아니라, '적지'인 생명운동연합에 합류했다는 사실을 알고 있거나 알게 될 터였다.

'더 이상 법적으로 매여 있지 않을 때.' 친구의 말이 머릿속에서 메아리처럼 울리고 있었다.

나는 이 기관에 대해 잘 알고 있었다. 그것도 끔찍하게 말이다. 내가 아는 바로 그들의 관행은 약자처럼 보일 수 있는 그 어떠한 기회라도 포착하여 언론의 관심을 끌어들이는 것이었다. 그리고 내가 그들의 언론 대변인으로서 기회가 있을 때마다 그들의 주장을 확산했고 그 일에 가담했다는 생각이 들면서 수치심이 몰려왔다. 소송이 곧 닥칠 예정이었다. 냄새를 맡을 수 있었다.

최악의 시나리오가 머릿속에 그려졌다. '변호사가 필요할까? 더그와 나는 변호하느라 재산을 탕진하게 될까?' 나는 경찰이 나에게 수갑을 채워 끌고 가는 것을 더그가 절망적으로 서서 쳐다보는 장면을 상상했다.

'하느님께서 모든 것을 이끌어 주실 거야. 그분을 신뢰하자.'

나는 숀에게 문자 메시지를 보냈다. "비밀이 탄로 났어요. 그들이 아는 것 같아요."

그는 답 메시지를 보냈다. "그래요. 저도 알아요. 그냥 다른 말은 하지 말아요. 그리고 우리 변호사가……" 그의 문자는 거기서 멈추었다.

문자가 하필 거기서 멈추다니! 문자가 멈춘 후의 시간은 나에게는 몇 시간처럼 초조하게 느껴졌다. 그러다가 그가 전화를 걸어왔고, 바로 전화할 수 없었던 이유를 설명했다.

나는 말했다. "숀, 가족계획연맹이 제가 생명운동연합과 협력하는 걸 알고 있다는 사실을 막 알게 됐어요. 저는 가족계획연맹이 어떤 곳인지 잘 알아요. 이제 그쪽에서 어떠한 방식으로든 법적인 조치를 취할 거예요."

"제 생각도 그래요." 그는 말했다.

숀은 그가 아는 사실을 말해 주었다. 가족계획연맹은 월요일에 아마 두 가지 조치를 취할 것이다. 소송과 일시적 접근 금지 명령이다. 기본적으로 우리가 가족계획연맹에 관한 모든 사안에 대해 침묵하도록 강요하려는 방법이다.

어떻게 이렇게 많은 것을 아냐고 물어보았더니, 그는 그들이 나와 함께 피고 자격으로 지명되었기에 그 당일 날 생명운동연합 사무실로 일시적 접근 금지 명령을 팩스로 보내 왔다고 말했다.

"숀, 어떻게 해야 될까요?"

"음, 먼저, 우리가 할 수 있는 게 많지는 않아요. 금요일 밤이니까요. 그들도 바보가 아니에요. 그들이 선택한 타이밍이 아주 계획적이에요. 주말 동안 고민한다고 해도 월요일까지는 할 수 있는 게 없어요."

"우리 그냥……."

"애비, 진정하세요. 저는 하느님이 모든 것을 잘 해결하시리라고 믿어요. 변호사이자 친구인 제프 파라도브스키에게 이미 말해 놓았어요. 그가 이번 건으로 생명운동연합을 대변할 거예요. 그는 당신을 대변할 의사도 있어요. 당신은 잘 모르고 있었겠지만, 그는 벌써 당신을 대변할 변호사로 선임된 상태예요. 어때요?"

"숀, 뭐라고 해야 할지 모르겠네요. 변호사라고요? 돈 많이 들지 않나요? 저 지금 막 사표 쓴 사람이에요. 기억하죠? 전 돈이 하나도 없어요!"

"애비, 제프는 돈 때문에 이걸 하는 게 아니에요. 그는 지지자이자 친구예요. 그는 생명운동연합 때문에 이 일을 하는 거예요. 낙태에 대항하는 걸 돕기 위해서 하는 거죠."

숀은 사무실에서 그에게 팩스가 왔다고 알려 줬을 때 제프에게 문자 메시지를 보냈다고 설명했다.

"가족계획연맹 대표가 한 달 전 즈음에 왔어. 그런데 서류가 도착했어. 네 도움이 필요해."

제프의 답장은 즉각적이었다. "이봐, 나 합류한다!"

이 모든 일이 내가 그에게 문자를 보내기 바로 전 몇몇 순간 사이에 벌어진 일이었다. 나는 이사야서의 구절이 떠올랐다. "그들이 부르기도 전에 내가 대답하고 그들이 말을 마치기도 전에 내가 들어 주리라."(이사 65,24)

숀은 모든 것이 괜찮다고 나를 안심시켰으며, 아무 문제가 없다고 했다. 솔직히, 나는 숀이 말한 이 모든 것이 만들어진 것이라고 생각했다. 그는 나만큼 이러한 경험이 없었기 때문이다. 어쩌면 그저 나를 진정시키려고 한 것이었을 수도 있다.

하지만 그가 말한 것 중에 우리가 변호사를 선임했다는 사실이 나를 안심하게 했다. 내가 필요한 것은 분명히 그것이었다. 나는 이 남자가 자기 일에 자신 있어 한다는 숀의 말을 믿기로 결심했다. 그는 제프가 변호했던 몇 가지 소송을 이야기해 주었다. 특히 그가 이긴 소송 건은 인상적이었다. 나는 이렇게 생각했다. '이 제프라는 사람은 자신감이 있어 보이고 경쟁력 있어 보여. 아주 좋아.'

또한 숀은 매우 자신 있어 보였고 놀라울 정도로 차분했다. 나는 손을 믿었다.

손이 말했듯이 월요일까지 할 수 있는 일은 많지 않았다. 기도하는 것 말고는 말이다. 나는 주말 내내 메건과 테일러가 나와 생명운동연합의 관계를 폭로한 사람이 아니기를 기도했다. 하지만 속으로 분명 그랬을 것이라는 사실을 알고 있었다. 나는 가족계획연맹이 다른 방법으로 이를 알아냈기를 바랐다. 어쨌든 간에 그들은 발설하지 않도록 강요받았을 것이다. 어쩌면 가족계획연맹은 그들에게 휴대폰을 끄라고 명령했을 수도 있다. 그들을 해고하거나 법적 조치를 취한다고 위협하면서 말이다. 무엇보다도 나는 나에 대해서 그들이 진실되지 않은 것은 하나도 이야기하지 않았기를 기도했다. 이 법적 조치를 시작한 것이 누구이고, 배후에 누가 있든 간에, 메건 혹은 테일러가 나를 배신한 것이 아니기를 믿을 필요가 있었다.

나는 이를 위해 기도했다. 하지만 나는 배신당했을까 봐 두려웠다. 그렇지 않았다면, 전화를 했거나 연락하지 않았을까? 그들의 침묵이 무겁게 느껴졌다. 좋은 징조가 아니었다.

나는 주말 동안 많은 일을 생각할 시간이 있었다. 그리고 주말 내내 울었다.

그러다 일요일 저녁에 이상한 일이 일어났다. 8시 30분 즈음에 손이 전화해서 말했다. "당신은 믿지 못할 거예요. KBTX 리포터가 막 전화했어요. 가족계획연맹이 보낸 보도 자료를 막 받았고 당신이랑 생명운동연합을 상대로 소송한다는 내용과 접근 금지 명령 서명에 관한 내용이래요. KBTX는 우리가 성명서를 발표할 건지 알고 싶어 해요."

나는 얼굴로 피가 몰려드는 것을 느낄 수 있었다. "농담이죠."

"아니요. 멋지지 않나요? 우리에게는 조용히 하도록 접근 금지 명령을 내리고 보도 자료를 내서 뉴스거리를 만들고 말이죠. 이게 말이 되나요?"

나는 할 말을 잃었다. 하지만 이런 상황이 가족계획연맹에게 어떻게 '말'이 되는지 알 것 같았다. 그들은 생명 운동가들의 '희생양'으로 비춰지는 기회를 뉴스로 삼아 '적'에게 겁을 주고 직원들을 한데 집결시키거나 그들에게 겁을 줄 수 있었다. 그리고 즉각적으로 내 평판에 독이 되게 하여 내가 그들 계획에 대해 이야기하는 어떠한 것도 영향력이 없도록 만들 작정이었다.

"그래서" 그가 말했다. "성명서를 발표하고 싶나요?"

"음…… 그래야 할 것 같아요. 그러는 편이 낫겠어요. 그렇지 않나요? 우리 모두 알다시피 접근 금지 명령은 공식적으로 법원에서 명령을 받기 전까지는 실효성이 없어요. 알죠? 그리고 아직 일어나지도 않았어요."

"저를 설득할 필요는 없어요. 30분 후에 생명운동연합 사무실에서 리포터와 만나기로 벌써 말해 놓았어요!" 나는 그의 목소리에서 그가 미소 짓고 있다는 사실과 그가 재미있어 한다는 것을 눈치 챌 수 있었다.

'내가 이토록 불안에 움츠러들어 있을 때, 그 이후에 뭐가 닥칠지 두려워할 때, 숀은 하느님이 계획을 드러내 보이시는 걸 기뻐하고 지켜보고 있어. 그는 그분의 계획을 믿고 그분이 길을 인도해 주시길 기다리지. 그는 기쁘게 이를 따를 거야. 어쩌면 수년간 의지를 갖고 하느님을 따르면서 얻은 결과일 수도 있어. 나도 그렇게 될까?'

그 순간 나는 내 안에서 크게 요동치는 것을 느낄 수 있었다. 내 안에 무엇인가 새로운 것이 일어나고 있었다. 나의 신앙은 더 뻗어 가고 더 커져 가고 더 넓어지고 있었다. 마치 하느님이 일하시는 걸 볼 수 있게 새로운 눈이라도 받은 것처럼 말이다. 나는 나의 믿음이 이제 피어나기 시작했다는 것을 볼 수 있었다. 하느님은 나에게 당신의 손길을 뻗치고 계셨다.

30분 후인 9시에 숀과 나는 생명운동연합에서 KBTX의 관계자들을 만났다. 우리는 준비할 시간이 없었다. 불빛이 켜지고 카메라가 돌아가고 리포터는 내가 겪은 이야기를 들려 달라고 요청했다. 나는 그녀의 질문에 답하며 낙태 장면을 보게 된 사건을 회상했고 가족계획연맹을 떠나게 된 것과 생명운동연합에 오게 된 이야기를 들려주었다. 우리는 그날 밤 뉴스에 적은 분량이 방영되기를 기대하고 있었다. 나는 집에 가면서 뉴스를 켜 보라고 엄마에게 전화를 걸었다.

"엄마, 저 뉴스에 나올 것 같아요. 시간을 크게 할애할 것 같지 않고 마지막 부분에 짧게 나올 거예요."

내가 주차로에 진입하고, 더그에게 이를 말하고 같이 보기 위해 황급히 집 안으로 들어섰다. 그때 10시 뉴스가 시작되었다. 나는 너무 놀라 입이 떡 벌어졌다. 우리가 주요 뉴스였다! 더그와 나는 서로 눈빛을 주고받았다.

"더그, 이거 장난이 아닌데! 내가 가족계획연맹을 떠난 게 특보야?" 나는 머리를 뒤로 젖히고 웃었다. "여기 브라이언에서 정말 이거 말고 더 큰 뉴스거리 찾아야겠네!"

방송국은 가족계획연맹과 연락하여 그들의 반응을 물었고 그쪽 대변인은 성명서를 발표했기에 뉴스에 이 부분이 포함되어 있었다. "우리는 우리 고객과 직원들의 비밀을 지키기 위해서 법원으로 갈 수 밖에 없도록 우리에게 강요했다는 사실에 유감스럽습니다. 하지만 이러한 상황이 된 이상 법정 공방으로 갈 필요가 있습니다."

나는 수요일 오전까지 법원 서류를 공식적으로 받지 못했다. 수요일 오전 일찍 샤워실에서 막 나왔을 때 문을 쾅쾅 두드리는 소리를 들었다. 나는 문 앞으로 달려 나갔고 경찰이 서류를 손에 들고 있었다.

"안녕하세요! 기다리고 있었어요." 나는 크게 미소 지으며 자신 있게 말했다. 나는 그 내용을 본 상태였고, 변호사 제프와도 이미 만났기 때문이다. 제프는 사무실에 월요일 오전에 받은 서류를 한 부 갖고 있었으며 나와 손에게 메일로 보내왔다. 내가 처음 그걸 전부 읽었을 때 매우 무서운 기분이 들었다. 하지만 나의 새로운 일이 하느님이 하시는 일임을 알아차린 이후 나는 제프와 만나기까지 너무 주눅 들어 있지 않도록 노력했다.

그 서류에서 가장 최악이었던 점은 내가 갖고 있었던 마음속 가장 큰 두려움을 두 눈으로 확인시켜 주었다는 것이다. 그 탄원서가 매우 분명하게 그 혐의에 대해서 말해 주고 있었다. 거기 적혀 있는 것을 내가 믿기로 한다 치면, 메건과 테일러가 나에게서 등을 돌렸을 뿐만 아니라 나에 대해서 거짓 증언을 한 것이 명백했다. 그 법원 서류에 따르면 메건은 내가 그녀의 동의 없이 생명운동연합에 그녀의 이력서를 주었다고 쓰여 있었다. 그 내용이 얼마나 나에게 상처를 줬는지 말로 표현할 수조차 없다.

하지만 그 수요일 오전에 법원 경찰관과 마주하고 서 있을 때, 내가 이미 월요일부터 알고 있었던 내용의 서류를 받으면서 나는 하느님이 무슨 일을 하실지 짐작할 수 있었다.

금요일 밤 손에게 보낸 메시지가 다시 떠올랐다.

비밀은 폭로되었다. 그리고 아무도 이를 다시 주워 담을 수 없을 것이다.

20장

레드 카펫

내가 가족계획연맹 클리닉을 떠나 생명운동연합의 품으로 달려간 이후 나의 모든 여정은 내가 계획한 것이 아니었다. 나는 그 여정을 돌아보며 모든 곳에서 하느님의 흔적을 본다. 우리가 하느님께 순종할 때, 그분은 우리 앞에 레드 카펫을 펼치신다! 그렇다고 해서 길이 수월해지는 것은 아니지만, 하느님이 우리를 위해 예비하셨다는 뜻이다. 나는 바오로 사도의 필리피 신자들에게 보낸 서간에서 큰 위안을 얻었다.

"나는 내 뒤에 있는 것을 잊어버리고 앞에 있는 것을 향하여 내달리고 있습니다. 하느님께서 그리스도 예수님 안에서 우리를 하늘로 부르시어 주시는 상을 얻으려고, 그 목표를 향하여 달려가고 있는 것입니다."(필리 3,13-14)

월요일 아침, 나의 심경 변화를 전했던 뉴스 방송에 이어 가족계획연맹을 떠나 생명운동연합에 가입하기로 한 결정이 언론의 주목을 받았다. 아침 일찍, 생명운동연합 사무실에 엄청난 양의 전화가 쏟아졌다. 말 그대로 수백 통이었다.

더 이상 생명운동연합과 관계를 비밀로 할 필요가 없다는 사실에 안도한 나는 사무실로 향했다. 정말 자유로웠다! 어떤 식으로든 그들에게 보답하고 싶었다.

아침 7시 30분쯤 사무실에 도착했다. 숀, 바비, 그리고 카렌은 이미 뉴스에 대해 이야기하고 있었다.

그때 전화벨이 울렸다. 바비가 첫 번째 전화를 받고, 계속 전화가 왔으며 전화가 끊이지 않았다. 마치 온 사방이 폭발하는 것 같았다. 전화를 받는 사이에, 더 많은 메시지를 받기 위해 종이를 움켜잡았다. 전국의 텔레비전과 라디오 뉴스 방송국에서 전화를 걸어오고 있었다. 정말 놀라웠다.

그런데 방송 요청 전화만 오는 것이 아니었다. 여성들도 생명운동연합에 연락하고 있었다. 낙태의 고통을 직접 경험한 여성들은 공개적으로 이를 밝힌 나에게 감사의 뜻을 전하기 위해 전화했다. 그 여성들은 죄의식, 회한과 수치심을 이야기했다. 그들은 내 이야기가 희망을 준다고 말했다. 임산부들은 내 뉴스 인터뷰를 듣고 낙태하지 않기로 결정했다고 전화로 말했다. 가족계획연맹 클리닉을 방문하고 다시는 가지 않겠다고 결심한 여성들은 나에게 계속 진실을 말해 달라며 전화했다. 분명히 내 이야기는 용기를 주었다.

하느님은 내 이야기가 단순히 나에 관한 일이 아니라는 사실을 일깨워 주고 계셨다.

몇 주 전 엘리자베스와 처음으로 점심 식사를 하면서 엘리자베스와 한 대화를 다시 생각해 보았다. 나는 엘리자베스에게 그녀가 보여 준 우정 그리고 2년 동안 내 책상 위에 놓여 있었던 그녀의 카드가 어떻게 그날 연합 사무실로 나를 달려가게 했는지 말해 주었다. 또한 그녀에게 죄책감과 회한을 품고 있다고 말했다.

"애비, 당신을 위해 드린 우리의 기도에 하느님이 어떻게 응답하셨는지 믿을 수가 없어요. 우리가 상상했던 것보다 더 큰 방법으로 응답하셨어요! 하느님의 시간이 언제인지 누가 알았겠어요?"

"모든 것을 이해하기는 어려워요. 엘리자베스, 하느님을 따르면서 당신은 저보다 훨씬 더 많은 경험을 했어요. 그 모든 것에 압도당한 기분도 들어요. 내가 일을 망칠까 봐 두려워요."

"애비, 불과 몇 주 만에 극적인 변화를 겪었어요. 당신은 가만히 있는 것을 두려워하는 것 같아요. 하지만 그래야 해요. 하느님은 당신을 위해 일하고 계셔요. 하느님 앞에서는 침묵해야 하고 그분이 하시는 일이 뿌리 내릴 수 있도록 해야 해요."

인정하기 싫었지만 그녀는 옳았다. 새벽녘에 가끔 내게 속삭이는 죄책감이 두려워서 가만히 앉아 있는 것이 두려웠다. 나는 침묵이 두려웠다. 그저 과거가 사라질 때까지 하느님을 위해 바쁘게 지내고 싶었다.

지난 몇 주 동안 엘리자베스의 조언을 받아들이기 위해 최선을 다했다. 나는 집에 있었다. 집안을 구석구석 청소하고, 그레이스와 놀고, 더그를 위해 저녁을 하고, 영화를 빌려 보고, 쉬려고 했다. 그리고 기도하고, 기도하고, 더 기도했다. 숀과 그의 팀이 바람 쐬러 나오라고 해서 몇 번인가 연합 사무실에 들렀지만 잠깐뿐이었다. 나는 하느님 앞에서 가만히 있는 것을 연습했다. 나를 위한 새로운 훈련이었다. 처음에는 이질감이 느껴졌지만 엘리자베스는 계속 하라고 나를 채근했다.

10월 30일, 임시적 금지 명령 밤까지 나는 그녀가 제안한 대로 했을 뿐이다. 나는 쉴 시간이 필요했다. 그리고 이제는 여기저기에서 언론의 요청이 쇄도하면서 쉴 틈이 전혀 없었다! 엘리자베스는 나의 멘토가 되어 주었다. 그녀는 나를 단단하게 해 주고, 나를 위해 기도하며, 매일 하느님이 나를 사랑하신다는 사실을 상기시켜 주었다.

같은 수요일 오후에 나는 그녀에게 전화를 걸었다.

"애비! 저기서 전화 오는 소리 들었어요! 인터뷰 다 할 수 있어요?"

"어떻게 하지 않을 수가 있어요? 하느님이 저를 위해 레드 카펫을 깔아 주셨어요. 제가 할 수 있는 건 그분이 이끄시는 대로 걸을 뿐이에요, 그렇죠?"

"네, 이제 당신 차례예요! 앞으로 나아가세요!"

그동안 제프는 나에게 공판 준비 상황을 계속 알려 주었다. 그는 내가 그에게 잊어버리고 말을 하지 않은 것이 있는지, 가족계획연맹에게 분명히 가치 없는 사건을 기꺼이 법정에 가져가려는 이유를 설명할 수 있는 어떠한 사안이라도 있는지 계속 물었다. 나는 머리를 쥐어짰지만 아무것도 생각나지 않았다. 그와 숀은 가족계획연맹이 생명운동연합을 공동 피고인이라고 지명할 수 있는 이유를 찾기 위해 그들이 생각할 수 있는 모든 사안을 검토했지만 마찬가지였다.

바쁜 건 숀과 제프만이 아니었다. 연합은 여전히 언론에서 무수한 전화를 받고 있었지만, 그들은 숀의 제안으로 강연 단체를 알아보았고, 나에게 온 언론 요청을 처리하기로 계약했다. 정말 다행이었다! 그들은 그런 일을 다루는 전문가였고, 우리 모두는 그 역할을 해내게 되어 기뻤다. 내 달력은 가득 차 있었다.

◇◇◇ 21장 ◇◇◇

예기치 않은 선물

내 발언 이후에 우정 관계에서 몇 가지 변화가 찾아왔다. 내 친구 발레리는 오랫동안 클리닉에서 내가 신임하는 오른팔과 같은 존재였다. 그녀는 다른 클리닉에서 승진 제의를 받자 그곳을 떠났다. 하지만 불행히도 잘 풀리지 않았다. 내가 가족계획연맹을 떠나기 몇 달 전 그녀는 그곳을 떠났고 그 이후 얼마 안 있어 그녀와 그녀의 딸은 그녀가 다시 재기하기 전까지 살 곳을 찾는 동안 더그와 나와 함께 살았다.

발레리와 나는 수년째 아주 친밀했다. 나는 그녀와의 우정을 잃게 될까 봐 추호도 걱정하지 않았다. 우리 우정은 그러기엔 너무 돈독했기 때문이었다. 혹은 그렇다고 내가 착각한 것일지도 모른다.

나는 그녀와 며칠 동안 대화하지 않았다. 몇 번 문자 메시지를 보냈지만 아무 연락도 받지 못했다. 하지만 그것에 대해서 깊이 생각해 보지 않았다. '그냥 일어나는 일이야.'라고 스스로에게 말했다. '사람들은 바쁠 때가 있지. 아마 지금쯤 나한테 연락하지 않은 것으로 자책하고 있을지도 몰라.'

며칠 후 더그가 말했다. "발레리한테 최근에 뭐 들은 것 있어?"

"아니." 나는 대답했다. "막 전화하려던 참인데."

"음, 그렇다면 이상한 일을 더 명확하게 알 수 있겠다. 오늘 페이스북 계정에 들어갔는데, 발레리 친구 목록에서 내가 삭제된 걸 알게 됐어."

심장이 쿵 하고 내려앉았다. 곧바로 페이스북 계정에 들어갔고 아니나 다를까 나 역시 발레리의 친구 목록에서 삭제되어 있었다. 그때부터 어떠한 대화도 할 수 없었다. 다른 친한 친구 한 명도 그렇게 잠잠해졌다.

낙태라는 사안에 내가 반대를 표명했다고 해서 나에게 등을 돌린 친한 친구들과의 관계가 변화되는 걸 보면서 내가 최근에 경험한 또 다른 우정이 머릿속에 떠오른다. 가령 나는 엘리자베스, 마릴리사, 교회의 몇몇 친구들과 대학교 친구들이 떠오른다. 낙태에 반대하고, 내가 가족계획연맹에서 하는 일에 반대했음에도 불구하고 수년간 나와 관계를 유지하고 나의 곁에 있어 주었던 사람들이었다. 이 사람들은 상황에 따라 달라지는 우정보다 더 깊고 강한 것을 보여 주었다. 그들 기준에 도덕적으로 이의를 제기할 만한 일을 내가 했더라도 그들은 나를 여전히 사랑하고 받아들였다.

　이렇듯 많은 사람들이 나에게 연락해 오고 나를 얼마나 자랑스럽게 여기는지 그리고 얼마나 나를 사랑하는지 말해 준다. 나에게 이는 큰 의미를 지닌다. 그들이 '그때'도 나를 사랑했다는 사실을 알기 때문이다.

　나는 레드 카펫에 발을 올려놓으면서 하느님은 우리보다 먼저 시작하시고, 기대하지 않은 기쁜 일로 우리를 놀라게 하신다는 사실을 깨닫기 시작했다.

22장

공판

손과 제프와의 강력한 변론 준비를 통해서 잘 보호받고 있다는 느낌을 받았다.

변호사를 어떻게 찾을지 스스로 고민할 필요조차 없었다. 그들은 내가 어려운 상황이라는 것을 알았기 때문에 나의 모든 것을 보호해 주었다.

손이 다른 사람들을 모두 안심시키고 있었지만 그는 사실 긴장하고 있었다. 손과 더그와 나는 제프의 사무실에서 만나 함께 법원으로 가기로 했다.

"기분이 어때?" 손이 제프에게 물었다.

"좋아." 제프가 말했다. "기분 좋아."

'그렇지.' 손은 생각했다. 5분 후, 그는 다시 물었다.

"흠, 꽤 긴장 되네." 제프가 인정했다.

거대 기업과 싸우고 그들의 뛰어난 변호사들을 상대로 인상 깊은 소송에서 승소했던 제프였다. 텍사스 주를 상대로 고소했던 제프, 자신감을 내뿜는 제프가 내 사건 때문에 긴장했다니!

우리는 제프의 차를 타고 법원으로 갔다. 우리 모두 조금 긴장했지만, 서로를 안심시키려고 최대한 애를 썼다. 숀과 제프는 여느 때처럼 내내 웃고 있었다.

숀과 제프는 이 공판을 준비하는 데 수많은 시간을 보냈고, 앞으로 일어날 모든 것을 예상하고 준비할 수 있도록 노력했다. "마치 절대 써먹지 못할 연구 논문을 준비하는 것 같았어요." 숀이 나중에 고백했다.

우리가 법정 안으로 들어갔을 때, 가족계획연맹 대부분의 사람들이 이미 그곳에 있었다. 우리는 메건, 테일러와 다른 직원, 그리고 낙태 수술을 하는 의사들 중 한 명을 소환했다. 이사회 멤버, 셰릴, 가족계획연맹에서 온 직원들과 가족계획연맹의 뉴욕 홍보팀도 그곳에 있었다.

법정은 내가 상상했던 것보다 작았지만 TV에서 보았던 전형적인 법정과 흡사했다. 판사의 의자는 정면에 있었고 오른쪽에는 증인석이 있었다. 낙태 의사 변호사와 함께 가족계획연맹과 그들의 법률 팀은 오른쪽 긴 테이블에 앉았고, 우리는 왼쪽 테이블에 앉았다.

우리 뒤편에 앉아 있는 사람들은 우리가 선별한 소수의 지지자들이었다. 더그, 엄마, 그리고 몇 명의 친구들 외에, 생명 운동가 변호사들도 몇 명 있었다. 변호사들은 우리 사건을 다루지는 않았지만, 공판이 어떻게 진행되느냐에 따라 필요하다면 나중에 도와주겠다는 의사를 밝혔다.

우리가 들어갔을 때 제프는 여전히 웃으며 농담하고 있었고, 상황을 심각하게 끌고 가지 않으려고 애쓰고 있었다. 손과 내가 자리를 잡고 앉자 제프는 가족계획연맹의 두 변호사에게 자신 있게 걸어가서 자기소개를 했다. 잠시 후 그들은 제프를 따라서 우리 쪽으로 왔다. 여러 번 만나서 알게 된 변호사인 쉐도우 슬론과 그녀의 동료 변호사 데보라 밀너는 손에게 자신을 소개했다. 그들은 여태껏 나를 못 본 척했지만, 그때 쉐도우가 나를 보고 살짝 미소를 지으며 말했다. "안녕하세요, 애비."

"안녕하세요, 쉐도우. 잘 지내나요?" 하고 나는 말했다. 나는 이 어색함이 싫었다. 쉐도우와 데보라 말고는 아무도 나에게 인사하려거나 심지어 내 쪽으로 고개를 돌리지 않는 것이 내심 마음 아팠다. 나는 그들이 내게 말을 걸지 않아야 한다는 지침을 받았을 것이라고 짐작하고 있었지만, 그래도 그들은 오랜 친구였고 전 직장 동료였다. 나는 메건과 테일러를 바라보았다. 우리가 함께 겪었던 일, 특히 가족계획연맹의 마지막 날에 함께했던 일을 되새겨보았다. 그들이 내 쪽을 바라보지도 않는 모습은 믿을 수 없었다. 나는 그들이 공판에서 무슨 말을 할지 상상하고 있었다. 설마 그들이 증인석에서 나에게 불리한 증언을 하지 않겠지? 그럴까? 어떻게 그럴 수 있지? 그들은 내 친구들이었다.

두 변호사가 다시 돌아간 뒤, 제프는 재치 있는 말로 나의 긴장을 풀어 줬고, 나는 그가 그렇게 한다는 사실이 기뻤지만 마음속으로 계속 생각들이 폭풍처럼 밀려왔다.

한 가지 확실한 점은, 제프가 몇 가지 큰 사건을 맡은 노련한 변호사라는 것이었다. 가족계획연맹 팀은 제프보다 법정 경험이 훨씬 적었다. 그러나 그들은 분명히 준비를 많이 했을 것이다. 자료가 가득 담긴 상자들을 가져온 것이 눈에 띄었다.

하지만 제프는 동요하지 않았다. "그냥 보기에만 그럴 듯한 겁니다." 그가 말했다. "겁주려는 거예요. 효과가 없네요." 어쩌면 그에게는 아무런 효과가 없었는지도 모른다.

판사가 들어오자 모두가 일어났다. 판사는 우리 모두에게 자리에 앉으라고 했다. 원고인 가족계획연맹은 입증 책임이 있었기에, 먼저 그들의 사건을 제시할 기회를 얻었다. 만약 그들의 사건을 증명할 수 없다면, 아무 사건도 존재하지 않는 것일 테고, 이는 바로 제프가 바라는 바다. 일찍이 제프는 재판관에게 증인들이 서로의 증언을 들을 수 없도록 법정에서 모든 증인을 내보내 줄 것을 현명하게 요청했다. 판사가 동의했다.

가족계획연맹의 변호사 쉐도우가 셰릴을 먼저 증언대로 불렀다.

셰릴은 가족계획연맹에는 기밀 정보가 있다고 증언했다. 쉐도우가 물었다. "그 기밀 정보가 무엇인지 설명해 줄 수 있나요?"

"어떤 희생을 치르더라도 환자 기록은 보호한다." 셰릴은 말했다. "인사 기록, 보안 절차, 클리닉의 운영 방식과 관련된 정책과 절차를 보호한다."

"지금 당신은 환자, 직원, 서비스 제공자에 관한 기밀 정보를 알려 주었어요. 서비스 제공자의 신분도 가족계획연맹의 기밀 정보 대상인가요?"

"네."

"왜 그런지 알려 줄 수 있나요?"

"우리 제공자들의 안전을 염려하고 그들에게 아무 일도 일어나지 않기를 바라기 때문이에요."

쉐도우는 셰릴에게 기밀이 가족계획연맹 외부로 알려졌는지, 모든 직원들이 알고 있었는지, 내가 이 정보에 접근할 수 있었는지 등등 기록에 대해 상당히 자세하게 질문했다. 그다음 제프가 반대 심문을 시작했다.

"당신과 변호사가 기밀이라고 주장하는 정보를 확인했어요. 우선 환자 기록부터 시작하겠습니다. 저는 특히 당신이 가족계획, 피임, 낙태 서비스를 위해 브라이언 클리닉에 오는 환자에 대해 말하고 있다고 생각해요. 맞나요?"

"네."

"그리고 이것들은 그들이 받은 치료와 관련된 고객 파일과 환자 기록일 것입니다. 맞나요?"

"맞아요."

"애비 존슨 씨가 이 환자 기록 정보 중 일부를 가져갔다는 증거는 무엇인가요?"

"저는 직접적으로 아는 것은 없어요."

"무슨 말이죠?"

"저는 직접적으로 아는 것은 없어요. 저는 그날 거기에 없었어요."

"오늘 판사님께 애비 존슨 씨가 이런 환자 기록을 가져갔다는 증거를 주거나 증명할 수 없나요?"

"할 수 없어요."

제프는 내가 기밀로 여겼다고 주장한 정보의 유형을 언급하고 셰릴에게 내가 브라이언 클리닉에서 그런 정보를 빼냈다는 직접적인 증거를 가지고 있는지 물어보았다. 몇 번이나 되풀이 되었고, 셰릴은 내가 그렇지 않았다고 대답하지 않을 수 없었다.

셰릴의 말은 기각되었고, 가족계획연맹은 테일러를 증언대로 불렀다.

가족계획연맹의 변호사 데보라 밀너가 테일러를 심문한 것은 내가 테일러에게 가족계획연맹을 떠나도록 영향력을 행사하고, 그녀의 이력서와 입사 원서를 그녀의 허락 없이 조작했으며, 그녀의 고용과 관련된 기록, 보관되어 있는 기록들을 내가 그녀에게 주었다는 것을 확인하려는 의도인 것 같았다. 물론 그런 일은 없었다.

그다음 제프가 반대 심문을 시작했다.

"당신과 애비 존슨 씨는 친구인가요?"

"네."

"한때 당신은 가족계획연맹을 떠나 다른 직업을 찾고 싶었죠?"

"그녀가 나간 뒤 모든 직원들이 혼란스러웠어요. 우리는 우리가 머물고 싶은지 확신하지 못했어요."

"알겠어요."

"우리는 다른 말을 들었어요."

테일러의 목소리는 떨렸고, 눈물이 볼을 타고 흘러내렸다.

"알겠어요." 제프가 말을 이었다. "당신은 도덕적 갈등이 있어서 가족계획연맹을 떠나고 싶어 했어요. 그렇지 않나요?"

"아니요."

제프는 테일러의 최근 입사 원서를 증거로 보여 줬다.

"이 입사 지원서를 알아보겠습니까?"

"네."

"당신의 필체죠, 그렇죠?"

"네."

"그리고 이건 애비 존슨 씨 댁에서 작성해 놓은 입사 지원서예요, 맞나요?"

"네. 이건 그녀가 내게 준 지원서와 떠나는 이유를 쓴 글인데, 그녀가 내게 그렇게 쓰라고 했어요."

"알겠어요. 존슨 씨가 당신이 다른 직업을 찾도록 도와줬으면 했죠?"

"그녀는 다른 직원들도 다른 직장을 찾을 수 있도록 도와주겠다고 했어요."

"알겠어요." 제프는 그녀의 두려움을 감지하고 그 원인을 찾으려고 했다. "가족계획연맹에서 일하는 것이 두려운가요, 테일러 씨?"

"아니요."

"알겠어요. 만약 당신이 가족계획연맹을 그만두면 애비 존슨 씨에게 일어난 것과 똑같은 일, 이 모든 절차와 모든 일이 당신에게 일어날 수도 있다는 데 두려움을 느끼지 않기를 바랍니다."

"네." 그녀는 나를 바라봤고, 나는 그녀가 나의 슬픔, 반감, 고통을 보았다고 확신했다. 그녀의 얼굴은 눈물로 가득했다.

"그런 생각을 해 본 적 없나요? 그런 것을 두려워하지 않나요?"

"네."

"자신에게 '변호사 비용은 어떻게 지불하지?' 또는 이와 비슷한 것을 물어보지 않았나요?"

"네."

제프, 숀과 나는 가족계획연맹은 그다지 강력한 증거를 가지고 있지 않았기 때문에, 그들은 이 소송에서 이기기 기대하기보다는 다른 이유로 이 소송을 했을 것이라고 생각했다. 테일러와 같은 다른 직원들에게 경고 메시지를 보내거나 생명운동연합을 수세에 몰아넣고 경고하는 것이다. 하지만 만약 테일러가 가족계획연맹이 공격할까 봐 두려웠다면, 그들과 함께 앉아서 자백하지 않을 것이다. 제프는 앞으로 나아갔다.

"애비 존슨 씨의 집에서 이 지원서를 작성했다고요?"

"네."

"제가 틀렸으면 바로잡아 주세요. 2쪽에 '가족계획연맹을 떠난 이유'에, 당신이 쓴 글에는 '도덕적 갈등으로 인해 이 일을 더 이상 할 수 없을 것 같다.'라고 쓰여 있어요."

"맞아요. 그녀는 나에게 그렇게 쓰라고 말했어요."

"당신은 애비 존슨 씨가 당신의 이력서를 준비했다고 말했어요."

"네."

"하지만 당신은 그녀 집에서 그녀의 컴퓨터로 이력서를 작성하는 것을 도왔죠?"

"아니요. 그녀가 그녀 집에서 작성했어요."

"알겠어요. 그녀……"

"그녀가 작성할 때 저는 집에 있었어요."

"무엇을 적어야 하는지 전화로 그녀에게 정보를 줬나요?"

"제가 준 정보는 조부모님 댁에서 일한 경력뿐이었어요."

나는 믿을 수가 없었다. 나는 더그를 바라보았고, 그는 고개를 저었다. 테일러의 요청에 따라 그녀는 이력서를 작성하기 위해 밤늦게까지 우리 집에서 머물렀다. 그런데 지금 테일러는 우리 집에 가본 적도 없고, 모두 내가 꾸민 이야기라고 증언하고 있다.

제프는 테일러에게 계속 입사 지원서와 이력서, 사직서를 누가, 어디서 작성했고, 그녀의 구직 활동 및 내가 가족계획연맹에서 무엇인가를 출력하는 것을 본 적 있다고 한 주장에 대해 질문을 했다. "아니요."라고 그녀는 말했다.

테일러가 증인석에서 내려오자 내 가슴은 찢어졌다. 한편으로는 너무 화가 났다. 나는 증언을 바로 잡기 위해 그녀에게 직접 묻고 싶었다. 그녀가 나랑 몇 마디만 나누면 진실을 말할 것임을 알고 있었고, 그러고 싶어서 몸이 근질근질 했다. 그러나 그러한 느낌만큼 강력한 것은 그녀에 대한 깊은 동정심이었다. 그녀는 학대받아 상처 입은 개와 같은 모습으로 법정을 빠져나가고 있었다. 나는 불과 며칠 전 그녀와 저녁 식사를 하면서 낙태가 아닌 의료 서비스에 종사하게 될 그녀의 미래와 간호학교에 대해 서로 대화를 나누었을 때 그녀가 흥분했던 걸 기억했다. 나는 테일러를 위해 최선을 다하고 싶었다. 지금 그녀는 가족계획연맹의 또 다른 희생자로 보였다. 나는 법정을 둘러보면서 위기에 처한 여성들의 보호자로 여겨지는 가족계획연맹 이사회 멤버와 법률 팀을 바라보았다. 그들은 테일러를 마치 있지도 않은 사람처럼 여기며 지켜보고 있지도 않았다. 나는 실제로 그들에게는 테일러가 보이지 않는 존재와 같을 것이라는 생각이 들었다.

23장

판결

데보라 밀너는 메건을 증인석으로 불렀다. 법원 뒷문이 열리고 메건이 법원으로 들어왔다. 메건의 태도는 테일러와 사뭇 달랐다. 테일러가 내내 울먹이던 데에 비해 메건은 셰릴처럼 화가 나 보였고 나를 전혀 쳐다보지 않았다. 그녀의 태도는 간결했으며 답변도 짧았고 딱 부러지는 목소리 톤이었다. 그녀는 혐오감을 느끼는 듯했다.

제프가 메건을 심문하기 시작했다.

"이제 당신은 가족계획연맹의 간호사라는 사실을 아무에게도 숨기지 않죠, 그쵸?" 제프는 물었다.

"네."

"당신은 애비 존슨 씨에게 '어디서 채용 정보를 찾죠?'라고 물었고 그녀가 당신을 위해 찾아 주었고, 출력해서 당신이 이력서를 업데이트할 수 있게 주었죠. 맞나요?"

"네. 음."

채용 정보에 대해서 아무런 비밀이나 기밀이 없다는 사실을 그녀와 확인하고 제프는 물었다. "한때 당신과 애비 존슨 씨 그리고 테일러 씨 모두 가족계획연맹을 떠나려고 했죠. 그렇지 않나요?"

나는 그녀의 얼굴을 정면으로 바라보았고 답을 기다리는 동안 숨을 멈췄다.

"네."

"그리고 당신은 이력서를 업데이트했어요. 애비 존슨 씨에게 이메일을 보냈죠."

"네."

"그리고 이렇게 말했죠. '여기 있어요. 저에게 행운이 있기를!'?"

"음."

"맞나요?" 제프는 다시 물었다.

"네."

그녀는 메일을 보냈다는 사실을 시인했다. 내가 그녀의 허락 없이 가져가지 않았다는 사실을 말이다.

제프는 앞쪽으로 몸을 기울였다. "애비 존슨 씨는 이력서를 훑어보고 직업을 떠났죠. 당신은 마음을 바꾸고 남아 있기로 결정했나요?"

"네."

"그토록 단순한 사실이죠. 맞죠?"

"네."

제프의 심문에서 한 가지 점에서 상처를 받았다. 그가 메건에게 나의 친구냐고 물었을 때 그녀는 이렇게 대답했다. "최근까지 그랬죠." '그게 언제 변했지? 그리고 어떻게? 내가 무엇을 했기에?' 나는 아직도 이해하지 못한다.

테일러에게 간단한 재직접 심문(반대 심문 후에 소환한 편이 증인에게 하는 심문)과 반대 심문 이후 그녀가 자기감정을 추슬렀을 때 가족계획연맹은 주장을 마무리 지었다. 우리는 물론 우리만의 변호를 준비했지만 제프는 먼저 따로 사용할 전략을 갖고 있었다.

판사는 제프에게 물었다. "당신은 다른 증언을 할 계획이 있나요?"

제프가 대답했다. "재판관님, 그건 상황에 따라 다릅니다. 저는 지금 지시 평결을 내리고 임시적 금지 명령을 기각해 달라는 요청을 드리고 싶습니다. 그리고 제 말을 들으신다면, 재판관님, 그 이유를 제시하겠습니다." 제프는 이 증인 세 명 중 어느 누구도 내가 가족계획연맹에서 기밀 정보를 빼냈다는 증거를 제시하지 못했다고 주장했다. 사실 가족계획연맹이 묘사한 기밀이란 자료는 어디에서나 손쉽게 찾을 수 있는 정보였고 건물 비밀번호의 경우 쉽게 바꿀 수 있는 것이었다.

"이를 바탕으로, 재판관님, 저는 이렇게 요청하고 싶습니다. 그들의 요청을 기각하여 주시고 임시적 접근 금지 명령을 해지하여 주십시오."

데보라 밀너는 가족계획연맹을 대표해서 답변을 제공했지만 제프의 주장에 깔려 있는 근본적인 사실을 바꾸진 못했다.

마침내 판사가 판결을 내렸다. "저는 애비 존슨 씨가 계약을 파기했다는 충분한 조건을 여기서 찾지 못하였습니다. 예비 명령은 기각되었습니다. 임시적 접근 금지 명령도 즉각 해지되었습니다. 휴정합니다."

우리가 이겼다!

판사가 판결을 내리자마자 숀과 나는 팔짝 뛰면서 서로 부둥켜안았다. 그리고 모두와 껴안았다. 몇몇은 "좋았어!" 하고 소리 질렀고 나는 웃었다.

나는 가족계획연맹 팀을 쳐다보았다. 그들은 모든 것을 정리하려고 빠르게 움직였다. 나에게나 언론에게 말하고 싶은 열망은 없어 보였다. 사실, 그들은 충격을 받은 것처럼 보였다. 그들은 마치 지금 일어난 일이 무엇인지 헤아리지 못하는 듯 보였다. 내가 이 단체를 얼마나 좋아하는지 생각해 보았고 그들을 위해 얼마나 헌신했고, 그들을 기쁘게 하고 싶었는지 떠올렸다. 이제 내 눈에 그들은 슬프고 안쓰러운 무리처럼 보였다.

숀은 그들이 나가는 것을 지켜보았다. "그래." 그가 말했다. "진실은 이긴다!"

우리가 밖으로 나가기 위해 법원 문을 열었을 때 믿을 수가 없었다. 공판을 지켜봤던 기자와 방송 진행자들이 모여들었다. 그들은 즉각적으로 내 얼굴에 마이크를 들이댔다. 카메라 플래시가 터지고, 리포터들은 내 근처로 와서 질문 공세를 퍼붓고 있었다.

그때 한 리포터가 말했다. "애비 존슨 씨, 보도 금지령 제한이 풀린 지금, 특별히 더 할 말이 있나요? 그전에 말하지 못했던 어떤 말을 더 해 줄 수 있나요?"

그 부분이 가장 이상한 대목이었다. 내가 해 온 이야기가 판결이 끝난 지금도 정확히 같은 내용의 이야기라고 어떻게 설명할 수 있었을까? 나는 내가 본 낙태 장면에 대해서 이미 지역 뉴스를 통해 이야기했다. 내가 거짓말을 믿어 왔다는 사실을 갑자기 절박하게 깨닫게 되었다는 점과 이제 거짓말을 거부하고 진실을 따라야 하며, 여성과 태어나지 않은 아이를 위해서 일해야 한다는 것을 의미함을 이야기했다. 이 모든 것을 나는 이미 말했다. 이것이 나의 이야기였다. 애초부터 내가 할 말은 이것이 전부였다. 그리고 공판 날, 내가 할 수 있는 말도 이것이 전부였다.

한편 가족계획연맹은 곧바로 공식 발표를 하지 않았지만 지역 신문에 그들의 의견을 실었다. "오늘의 판결은 의료계의 개인 정보와 고객들의 기밀 측면에서 가히 충격이다."

가족계획연맹이 나에 대해 기소한 작은 사건이 아직도 남아 있었다. 그들은 내가 환자들과 기밀 계약을 파기하면서 근로 계약을 위배했다고 주장했다. 제프는 걱정하지 않았다. 그는 공판 다음 날 그들에게 편지를 보내, 공판의 결과에 비추어 보면 법정으로 이를 끌고 갈 가능성이 없다고 보았다. 그들이 이를 취하하지 않는다면, 그는 가족계획연맹에 나를 위해서 쓴 변호사 비용을 다 청구하도록 법원에 요청할 것이었다. 그 소송은 공식적으로 11월 17일에 취하되었다. 그것이 내가 가족계획연맹에게서 마지막으로 들은 소식이었다. 그들은 더 이상 법적인 행동을 취하지 않았고 어떠한 대화도 없었다. 나는 전 동료 몇몇을 간혹 보지만 어쨌거나 클리닉 울타리 밖에서 기도하며 서 있다. 나는 그들에 대해서 여전히 관심을 기울이고 그들을 위해 매일 기도한다. 그리고 나의 이야기로 비추어볼 때 기도에 대한 응답에는 아주 오랜 시간이 걸릴 수도 있다는 사실을 안다.

24장

하느님의 계획

우리는 서서 기도하기 위해 그곳에 있다.

우리는 우리가 알고 있는 것, 우리가 이미 경험한 것을 증언하기 위해 그곳에 있다.

우리는 낙태 클리닉에 들어가는 고객들과 그곳에서 일하는 직원들을 사랑하고, 친구가 되고, 기도해 주기 위해 그곳에 있다. 나를 위해 기도해 주고, 사랑해 주고, 친구가 된 것처럼 말이다.

재판 후 며칠이 흘렀고, 숀, 바비, 헤더, 카렌은 생명운동연합 사무실에 앉아 나에게 생명운동연합의 역사를 자세히 알려 주었다. 이야기가 계속되면서 나는 그들이 말하는 내용이 의미하는 바를 이해하기 시작했고, 내 안에는 경외심이 자리 잡기 시작했다.

숀은 심각한 표정으로 말했다. "애비, 가끔 모든 시간과 노력에도 불구하고 텅 빈 은행 통장을 볼 때, 극단적인 생명 운동가들과 낙태 지지자들의 맹렬한 싸움을 볼 때, 저 건물에 들어서는 불안한 얼굴을 한 여성들을 보고 몇 시간 후에 슬픔으로 뒤덮인 그들의 얼굴을 볼 때, 때로는 우리가 잘하고 있는지 의문이 들기도 해요. 우린 울타리에서 몇 명을 구했고, 필요할 때마다 자축하며 하느님을 찬미했어요. 애비, 우리는 기도하고 계속 기도했지만 아무런 변화를 보지 못했어요. 여성들과 클리닉 직원들이 왔다 갔다 했어요. 아기들은 죽었지요. 가족들은 뿔뿔이 흩어졌어요. 하지만 당신은 한결 같았어요, 애비. 당신은 처음부터 저를 위해 거기에 있었어요. 저는 마릴리사가 당신이 처음 출근한 날 당신에게 어떻게 이야기했는지 기억해요. 그녀는 당신을 좋아했어요. 그리고 당신을 위해 기도했어요. 엘리자베스는 당신이 그녀의 우정에 응답할 것이라고 확신했어요. 그녀는 '애비는 많은 경영진과 달라요. 그녀는 정말로 그 여성들을 아끼고 있고, 그들을 돕는다고 믿어요. 언젠가는 그녀도 진실을 알게 될 거예요.'라고 말했어요. 저는 그녀를 믿고 싶었지만, 몇 달이 되고 몇 년이 지나도 당신은 그곳에 남아 있었어요."

숀은 한숨을 내쉬었고 잠시 조용해졌다. 그리고 그는 계속 말했다.

"올해 생명 수호를 위한 40일 캠페인이 시작되면서 저는 피곤했어요. 그러면서 우리를 비난하는 사람들을 믿기 시작했어요. 낙태는 계속되었고, 우리가 하고 있는 일은 아무것도 바꿀 수가 없었어요. 저는 지쳐 있었어요, 애비. 그리고 우리가 실패했다면 그 이유가 무엇인지 궁금해지기 시작했어요. 그때 당신이 우리 뒷문에서 나타났어요. 정확히 생명 수호를 위한 40일 캠페인이 진행 중일 때요."

나는 가슴이 짠했다. 숀이 낙담한 줄은 알지 못했다. 그때 나는 나의 회심이 클리닉에 대한 수년간의 기도의 결과라는 사실을 깨달았다.

"생명운동연합을 계속한 이유는 무엇인가요?" 나는 물었다. "당신과 마릴리사에 대해서는 알고 있지만, 당신을 여기에 있게 한 것은 무엇인가요?"

그는 미소를 지었다. "처음에는 마릴리사가 원해서 왔어요. 저는 울타리 밖에 서 있었지만 별로 보고 싶지 않았어요. 정말 어색했어요. 그런데 그때 클리닉에서 한 여성이 나와서 고개를 들다가 저와 눈이 마주쳤어요. 그 여성은 절망과 슬픔에 찬 눈으로 저를 바라보았고, 우리 둘 다 그녀가 방금 아기를 낙태했다는 사실을 알게 되었어요. 그녀의 눈은 '나는 내가 방금 한 일을 알고 있고, 이제 너무 늦었고, 이 마음의 짐을 평생 짊어질 거야.'라고 말하고 있었어요. 절망감을 느꼈지만 만약 한 명의 여성만 같은 실수를 하지 않도록 도울 수 있다면, 그렇게 하고 싶었어요. 그리고 그 갈망이 저를 다시 끌어당겼어요. 그 첫 만남 이후, 낙태는 더 이상 어떠한 정치적 이슈도, 어떤 후보의 토론 논쟁거리도 아니었어요. 저는 삶과 죽음을 결정하는 끔찍하고 심각한 상황을 보며, 무기력하다고 느끼지만 여전히 희망이 있다는 사실을 목격했어요. 그리고 제가 참여하면 어머니와 아기의 삶의 마지막 기회를 제공할 수도 있다고 진심으로 믿었어요."

숀은 나를 바라보았고 우리는 눈을 감았다.

"애비, 주차장에서 한 말을 기억해 봐요. 제가 로빈슨 박사를 만나기 위해 당신을 태우러 간 후, 당신은 옳은 일이니 사직하겠다고 주차장에서 말했던 날을 기억하나요?"

"물론 기억하죠! 그날을 절대 잊을 수 없어요. 저는 당신이 기뻐서 펄쩍 뛸 거라고 생각했어요!"

"애비, 바로 그 순간, 저는 당신이 내내 하느님의 계획이었다는 사실을 깨달았어요. 생명운동연합의 모든 역사가 내 머릿속에서 섬광처럼 번뜩였어요. 저는 1998년 뉴스에서 이 클리닉이 개원하니 기도 모임을 열겠다는 젊은 학생이 떠올랐어요. 그녀는 자신이 세계적인 운동을 시작하고 있다는 사실을 몰랐어요. 그녀는 단지 하느님이 그녀를 불렀기 때문에 그분을 위해 나타났어요. 저는 데이비드가 생명운동연합을 위해 마음을 다해 기도하고 그를 대신하기 위해 내가 법학 대학원을 포기하도록 설득했던 모습이 생각났어요. 데이비드는 한 푼도 가지고 있지 않았지만 기도했어요. 그리고 하느님이 나타나셨어요. 저는 우리가 40일 동안의 기도 아이디어를 생각해 낸 날과 그것을 통해 하느님이 삶을 변화시키시기를 얼마나 간절히 원하셨는가를 생각했어요. 그리고 마릴리사와 엘리자베스가 생각났고, 그들 둘 다 당신을 사랑했고 결코 희망을 멈추지 않았어요. 애비, 그 모든 기도가 이루어졌고, 하느님은 당신의 이야기를 통해 기도에 응답하셨어요. 그분은 클리닉에서 일어날 일을 전부 다 알고 계셨고, 가족계획연맹 대표인 애비 존슨을 불러 그녀가 세상에 진실을 알리기 위한 발판을 건네 주셨을 거예요. 하느님은 바로 그렇게 하셨어요."

2009년 9월 초음파 영상을 통한 낙태 수술을 목격하고 당시 느꼈던 극심한 괴로움, 스스로를 변호하기 위해 법정에 서야 했을 때 느낀 불안, 낙태를 지지하는 입장에서 반대하는 입장으로 바뀐 후 친구와 동료를 잃는 고통, 모든 고통스러운 기억은 경험해 볼 가치가 있다는 말을 꼭 하고 싶다.

2010년 봄, 나는 브라이언 클리닉의 울타리 밖에서 기도하는 사람들과 함께 기도를 하고 있었다. 클리닉에서 진료를 받기 위해 오는 여성들의 차가 멈추었을 때, 우리는 늘상 우리가 하는 일을 했다.

그 여성들이 안절부절못하는 것을 보는 것은 드문 일이 아니었고, 이날 나는 특히 완전히 겁에 질려 있는 한 여성을 주목했다.

"안녕하세요." 나는 인사했다. "제 이름은 애비 존슨이고 당신이 지금 걸어 들어가는 가족계획연맹 클리닉의 대표였어요."

그 여성은 혼란스러운 눈으로 나를 바라보았다.

"지금 당신에게 많은 선택권이 있다는 사실을 알았으면 좋겠어요. 낙태만이 유일한 방법은 아니에요. 바로 길 건너편의 생명운동연합 사무실에서는 기꺼이 당신과 함께 앉아서 모든 선택 사항을 고려하고 그 선택 사항들이 당신에게 어떤 영향을 주는지 알려 주도록 도와 드릴 수 있어요. 무료예요! 멋진 하루 보내세요!"

그 여성과 클리닉의 봉사자는 그때쯤 클리닉 현관에 도착했고, 봉사자가 문을 열어 안내하는 동안 걱정스러운 얼굴을 한 그 여성은 어깨 너머로 나를 돌아봤다. 문이 닫혔다. 나는 계속 기도했다. 이번에는 특별히 그 여성을 위해, 그녀의 마음이 열리도록, 내가 그녀 안에서 열매를 맺기를 원했던, 내가 건넨 말을 위해 기도했다.

15분 후 그녀는 여전히 걱정스러운 표정을 지으며 다시 걸어 나왔다. 그녀는 울타리에서 주위를 둘러보다가 나를 발견하고는 문을 지나 울타리 옆으로 걸어왔다.

"여기 클리닉의 대표였나요?"

나는 끄덕였다.

"그런데 지금은 울타리 밖에서 다른 단체와 함께 일하고 있나요?"

나는 고개를 끄덕이며 미소를 지었다.

"당신 사무실로 갈 수 있을까요? 양쪽 의견을 다 들어보고 싶어요."

나는 웃으면서 그녀의 어깨에 팔을 둘렀고, 그녀를 생명운동연합 쪽으로 데려갔다. "양쪽 의견을 다 제가 설명할 수 있어요. 전 둘 다 경험했거든요."

걸어가면서 나는 "당신의 상황은 어떤가요?"라고 물었다.

"글쎄요, 검진을 받으러 왔어요. 임신 18주라고 했어요."

"클리닉에서 준 건가요?" 나는 그녀의 손에 든 책자를 가리키며 물었다. 앞면에는 상담 전화가 적힌 포스트잇 메모지가 있었는데 그 번호는 후기 낙태를 하는 클리닉을 안내한다.

"네." 그녀는 바닥을 내려다보았다. "그렇게 할 건가요?" 나는 그녀에게 부드럽게 물었다.

"저는 이미 아이 여섯 명이 있어요." 그녀가 대답했다. "어떻게 또 아기를 낳을 수 있나요?"

나는 웃었다. "당신은 방금 아기라고 했어요. 당신은 이미 당신이 이 아기의 엄마라는 사실을 알고 있어요."

그녀는 답례로 미소를 지었다.

"우리가 도와줄 수 있어요." 나는 그녀에게 말했다. 그때 우리는 생명운동연합 사무실에 도착했다. 나는 그녀를 내가 초대받았던 바로 그 방으로 안내했다. 상담사 중 한 명이 우리와 합류했고, 우리는 30분 만에 그녀를 무료 초음파, 태교, 출산 관리, 1년 무료 기저귀 공급원, 그녀와 아이들을 위한 음식 쿠폰, 그리고 아기를 위한 무료 카시트와 가구를 제공하는 단체와 연결시켜 주었다.

"당신 차가 있는 곳까지 데려다 줄게요." 나는 제안했고, 우리는 가족계획연맹 클리닉으로 다시 걸어갔다. 그리고 그녀가 차를 타고 작별 인사를 하기 전에 포옹했다.

또 다른 차가 주차장에 세워졌고, 처음 보는 가족계획연맹 봉사자가 고객을 맞이하기 위해 나왔다.

"안녕하세요." 나는 말했다. "저는 애비예요. 우리가 할 수 있는 어떤 방법으로든 돕기 위해 여기 있다는 것을 알아줬으면 좋겠어요."

가족계획연맹 봉사자는 약간 놀란 듯이 나를 바라봤고, 나는 미소 지었다.

나는 그녀의 이야기와 하느님이 그녀의 삶에서 무엇을 하실지 궁금하다.

◇◇◇ 맺음말 ◇◇◇

놀라운 마무리, 그리고 새로운 시작

2013년 여름이었다. 나는 숀이 전화받기를 기다리면서 숨을 참았다. 내가 지금 막 나누려는 이 소식에 그의 반응이 어떨지가 기대되어 기다릴 수가 없었다.

"애비, 무슨 일이에요?" 숀이 물었다.

"숀, 클리닉이 문을 닫는데요!"

"네? 무슨 소리예요?"

"제가 있었던 클리닉, 브라이언 클리닉 말이에요. 가족계획연맹이 그걸 닫는데요."

"확실해요? 어떻게 알았어요? 무슨 일이 일어난 거죠?"

"지금 전화로 가족계획연맹 보도 자료를 받았어요. 그들이 보도 자료를 뿌릴 때마다 저한테 알람이 오게 설정해 놓았거든요. 그들이 브라이언, 헌츠빌, 러프킨 클리닉 문을 닫는다고 하네요. 지금 당신한테 이거 전달할게요."

"애비! 진짜예요?" 숀의 목소리는 그의 얼굴만큼이나 투명했고 그의 심장이 뛰는 소리를 내가 들을 수 있을 것만 같았다. 그는 그 사실을 믿기가 두려웠다.

"애비, 이건 너무 좋아 믿기지 않네요. 몇 가지 좀 확인해 봐야겠어요. 이게 그냥 소문이라면요? 가족계획연맹 본부에 직접 전화해서 확인해 봐야겠어요. 바로 다시 전화할게요." 그리고 내가 뭐라고 말할 새도 없이 전화가 뚝 끊어졌다.

나는 그의 의심을 이해할 수 있었다. 우리는 이를 위해 이토록 오래 일하고 기도해 왔다. 그가 재차 확인하려 하는 태도를 나는 비난할 수 없었다.

'내가 어디 있는지 그한테 말할 기회조차 없었네.' 나는 생각했다. '그는 이 기가 막힌 타이밍을 믿지 못할 거야. 나도 믿지 못하는데!'

휴대폰이 울렸다. 숀이었다.

"오, 빠르군요."

"진짜예요! 정말 진짜네요!" 그는 웃으면서 소리쳤다. "제가 휴스턴 사무소에 전화해서 확인해 보았어요. 애비, 이 클리닉이 언젠가 문 닫을 거라는 사실을 항상 알고는 있었지만 이렇게 일찍 갑작스레 일어날 것이라고 생각지도 못했어요. 믿을 수 있나요?"

"숀, 제가 지금 바로 이 순간 어디 있는지 알아 맞혀 보세요."

내가 말했다.

"어딘데요?"

"오스틴, 주의회 의사당 건물이에요. 페리 의원이 텍사스 하우스 2 법안Texas House Bill 2을 서명하는 데 증인으로 와 있어요." 나는 숀이 지난 몇 주간 주의회 의사당에서 일어난 이 법안과 관련한 파란만장한 시위를 계속 주시하고 있다는 사실을 알고 있었다. 낙태 지지자와 생명 운동가 모두 엄청나게 모여들었고, 이 주의회 의사당 안 복도 원형 건물 할 것 없이 충돌의 소용돌이를 언론은 보도하고 있었다. 나는 막 아들 루크를 출산한 직후였지만, 낙태를 하려는 여성들의 보건 및 안녕을 보호하기 위한 안전장치 몇 가지를 포함하는 이 중요한 법령을 직접 목격하기 위해서 날마다 오스틴에 갔다.

내가 숀에게 전달한 가족계획연맹의 보도 자료를 읽은 후에 나는 브라이언 클리닉 그리고 다른 두 클리닉 또한 닫는다는 허핑턴 포스트의 알람도 받았다. 거기에는 이렇게 적혀 있었다.

"이 세 개의 클리닉은 텍사스 주 브라이언, 헌츠빌 그리고 러프킨에 있다. 이들은 목요일 날 법안을 통해 낙태에 대해 새로운 제약이 생긴 점과 텍사스 여성 보건 프로그램Texas' Women's Health Program 재정 삭감으로 인해 문을 닫게 되었다. 이는 2011년 텍사스 주립 입법부를 통해 상정되었다." 나는 바로 이날 이 대세를 변화시킬 법령이 법으로 제정되는 것을 그 많은 사람들 중 내 두 눈으로 똑똑히 목격하게 한 것에 대해서 하느님께 감사했다.

"저는 제 두 눈으로 보아야 했어요." 나는 말했다. "서명 후 주의회 의사당 카페테리아에서 다른 생명 운동가들과 이를 축하하기 위해 갔고 거기서 언론 보도 알람을 받았어요. 믿을 수가 없었어요. 처음에는 더그에게 전화를 걸었어요. 그도 열광했어요. 그리고 엄마에게 전화를 걸었어요. 우리 둘은 웃고 울었죠. 그리고 당신에게 전화를 걸었어요. 당신이 이것에 대해 듣기 전에 직접 제 입으로 말하고 싶었기 때문이에요. 이 날이 정말 오다니 믿을 수가 없어요!"

숀의 목소리는 감정이 북받쳐 올라 흔들리고 있었다. 숀은 말했다. "애비, 오늘은 기도가 응답을 받는 날이에요!"

그랬다. 그날은 내가 하느님께 4년 동안이나, 2009년 10월 5일부터 바친 기도가 응답을 받는 날이었다. 브라이언 클리닉에서 낙태 수술을 한다고 가족계획연맹이 처음으로 발표하고 1998년 문을 연 이래 15년간이나 숀과 숀 이전에 셀 수 없을 만큼 많은 이들이 이곳을 에워싸고 기도한 데 대한 응답을 받았다.

4년 동안 얼마나 많은 변화가 일어났던가. 내가 2010년 이 책의 마지막 장을 집필했을 때, 나는 기도의 진정한 힘을 막 발견하기 시작했다.

"죄인은 제 길을, 불의한 사람은 제 생각을 버리고 주님께 돌아오너라. 그분께서 그를 가엾이 여기시리라. 우리 하느님께 돌아오

맺음말 211

너라. 그분께서는 너그러이 용서하신다.

내 생각은 너희 생각과 같지 않고 너희 하늘이 땅 위에 드높이 있듯이 내 길은 너희 길 위에, 내 생각은 너희 생각 위에 드높이 있다. 길은 내 길과 같지 않다. 주님의 말씀이다."(이사 55,7-9)

2011년 1월 《언플랜드》의 초판이 출간되었고 독자들의 반응이 폭발했다. 가장 감동적이었던 피드백은 다른 낙태 종사자들이 그 산업을 떠나고 싶다고 말하는 것이었다. 나 같은 여성들, 그들이 클리닉에서 본 것에 마음이 불편해진 여성들이 이메일을 보내고 전화를 걸었다. 하지만 그 당시의 나처럼 그들도 떠나길 두려워했다. 그들은 나에게 조언과 도움을 구했고 나는 그들을 돕기 위해 최선을 다했다.

이렇게 낙태 수술 클리닉에 종사하는 직원들이 클리닉을 떠나는 추세가 시간이 흐름에 따라 감소할 것이라고 생각했지만 정확히 그 반대의 일이 일어났다. 이러한 '전향'이 클리닉에서 클리닉으로 퍼져 나갔다. 직원들은 낙태 산업에 환멸을 느끼고 영혼을 되찾기 시작했다. 나는 이해하기 시작했다. 내가 직원 한 명을 도와 낙태 산업을 그만두게 할 때마다 다른 클리닉이 문을 닫을 확률을 높이는 것이었고, 직원들은 그들만이 이 산업에 의혹을 갖는 것이 아니라는 사실에 용기를 얻었다.

2011년 6월, 책이 출간된 지 5개월도 채 지나지 않아, 클리닉 직원 17명이 나에게 연락을 해 왔고 클리닉을 떠났다! 나는 기쁨에 가득 찼다. 하느님의 계획이 펼쳐지는 것을 눈앞에서 보는 것이 놀라웠다. 하지만 더그와 나는 우리에게 연락해 오는 직원의 수가 우리가 감당할 수 있는 숫자를 넘어선다는 것 또한 깨닫고 있었다. 우리의 돈, 시간 그리고 자원에 한계가 있었다. 그럼에도 이 직원들을 돕지 않을 수가 없었다.

더그와 나는 기도했고 하느님은 이러한 직원들을 돕는 비영리 단체를 설립하라는 응답을 주셨다. 1년 후에, 우리는 공식적으로 'ATTWNAnd Then There Were None'이라는 단체를 설립하여 전직 낙태 클리닉 종사자를 위한 중요한 지원을 제공했다.

브라이언 가족계획연맹 클리닉은 마지막으로 2013년 8월 1일 문을 닫았다. 거대한 가족계획연맹 간판은, 종전 앞쪽에 높이 걸려 있었는데, 그들이 '문제' 아기를 제거한다는 거짓된 희망을 설파하며 여성들에게 손짓을 했던 그 간판은 떼어져서 땅에 놓여 있었다. 마치 권력과 영향을 미치는 자리에서 내려와 이제 치워질 것만 기다리는 쓰레기와도 같았다.

클리닉이 문을 닫은 것을 축하하는 날은 2013년 9월 7일로 정해졌다. 더그와 나와 딸 그레이스는 2년 전에 브라이언을 떠났다. 세 식구였던 우리는 당시 14개월이었던 알렉스와 출생한 지 9주 된 수줍은 루크까지 다섯 식구가 되었다. 2013년 9월 7일, 나는 가족과 함께 내 인생의 다른 어느 때보다 자주 가던 곳으로 다시 발길을 향했다.

축하 행사를 성대하게 마치고 주위 사람들이 줄었을 때, 나는 기다리던 기회를 잡았다. 나는 빨간 장미꽃 한 송이와 흰 장미꽃 한 송이를 골랐다. 가족계획연맹 시설의 익숙한 울타리에 다가갔을 때, 하느님을 제외한 모든 사람에게 보이지 않는다는 느낌이 들었다. 나는 하느님이 나와 함께 계신다는 사실을 감지했고, 슬픔이 뒤섞인 기쁨에 휩싸였다. 이제 끝났다. 더 이상 아기들이 저 벽 안에서 죽지 않을 것이다. 더 이상 어떠한 여성도 자식을 버리면 그들의 문제가 '해결'된다고 믿거나, 가족계획연맹의 제안에 당하지 않을 것이다.

나는 조심스럽게, 여기서 목숨을 잃은 나의 소중한 아기를 추모하게 위해 붉은 장미의 줄기를 울타리에 꿰었다. 그 옆에는 내가 말, 거짓말로 빼앗은 수천 명의 생명을 추모하기 위해 흰 장미의 줄기를 꿰었다.

나는 익숙한 검은 창살 사이를 응시했다. 건물에는 아무도 없었다. 문은 잠겨 있었고 그 주변은 고요했다. 그때 도움을 청하기 위해 온 상처 입은 여성들의 얼굴과 이름이 생각나기 시작했다. 나는 그들의 선택권을 손쉽게 앗아 가고 그들의 아기를 처리하기 위해 검사실 쪽으로 안내했던 기억이 떠올라 몸서리 쳤다.

갑자기 슬픔에 잠기면서 나는 무릎을 꿇고 그 여성들과 아기들을 위해 울었다. 수백 명의 사람들이 지금 울타리에 모여 경의를 표하고 있었다. 내 양쪽에 있는 다른 사람들은 울타리 사이로 자신의 꽃을 꽂고 있었다.

나는 오른쪽과 왼쪽을 바라봤다. 한때 춥고 생명이 없던 '나의' 울타리가 이제 생명의 기운을 내뿜고 서 있었다. 아직 문을 닫지 않았지만 앞으로 그렇게 될 모든 낙태 클리닉에 대한 희망의 증거였다.

나는 이 책을 읽는 당신을 평화로운 농성, 기도, 금식, 애정 어린 봉사활동으로 이 세상 곳곳에 낙태 센터를 둘러싸고 있는 생명의 고리인 살아 있는 울타리의 일부가 되도록 초대한다. 그러면 당신도 하느님의 말씀에 새겨진 기쁨을 맛보게 될 것이다.

"정녕 너희는 기뻐하며 떠나고 평화로이 인도되리라. 산과 언덕들은 너희 앞에서 기뻐 소리치고 들의 나무들은 모두 손뼉을 치리라. 가시덤불 대신 방백나무가 올라오고 쐐기풀 대신 도금양나무가 올라오리라. 이 일은 주님께 영예가 되고 결코 끊어지지 않는 영원한 표징이 되리라."(이사 55,12-13)

 QR코드를 찍으면 영화 〈언플랜드〉 예고편을 볼 수 있습니다.